AF561475

16° Y² f 666

EN VENTE

[ch]ez les Libraires, Marchands de Journaux
[da]ns les Bibliothèques des gares.

[LA] COLLECTION ILLUSTRÉE

[1]0 centimes le volume

[O]UVRAGES PARUS :

1. **Amour d'Enfant, Amour d'Homme**, par Jules Mary.
2. **La Jeune Sibérienne**, par Xavier de Maistre.
3. **Bonheur brisé**, par A. Duchatelle.
4. **Péchés Roses** (1re série), par Charles Aubert.
5. **L'Épreuve**, par Ch. Deslys.
6. **Autour de la Gamelle**, par L. Marville.
7. **Autour de la Lune de Miel**, par Paul Ponsolle.
8. **Petits Péchés**, par Charles Monselet.
9. **L'Ingénu**, roman de Voltaire.
10. **Les Amours de Jeannette**, par L. Marville.
11. **Un Jour d'Angoisses**, par Paul Ginisty.
12. **Rose-Claire**, par L. Marville.
13. **Cœurs d'Élite**, par E. Moret.
14. **Les Femmes qui Aiment**, par Fortunio.

15 et 16. **Manon Lescaut** (2 vol.), par l'abbé Prévost.

17. **Contes et Nouvelles** (tome I) par La Fontaine.
18. **Le Boulet d'Or**, par J. Mary.
19. **L'Eventail Rouge**, par L. Marville.
20. **Les Deux Bouviers**, par Walter Scott.
21. **La Dot de Suzette**, par Fiévée.
22. **A Brûler**, par Jules Lermina.
23. **Zadig**, par Voltaire.
24. **Contes et Nouvelles** (t. II), par La Fontaine.
25. **Mariage aux Roses**, par L. Marville.
26. **Péchés Roses** (2me sér.), par Charles Aubert.
27. **Tante Berthe**, par Georges de Peyrebrune.
28. **La Vertu de Lolotte**, par Maurice Ordonneau.
29. **Chanvallon**, par Ch. Monselet.

30, 68 et 131. **Contes du Pays de l'Or** (1re 2e et 3e séries), par Bret-Harte.

31 et 32. **Paul et Virginie** (2 vol.) par Bernardin de Saint-Pierre.

33. **Voyage autour de ma Chambre**, par X. de Maistre.
34. **Contes**, de Perrault.
35. **Le Trait d'union**, par Lemercier de Neuville.
36. **Au Mess**, par L. Marville.

37 et 38. **La Religieuse**, (2 vol.), par Diderot.

39. **Princesse**, par Georges de Peyrebrune.
40. **La Veuve des Highlands**, par Walter Scott.
41. **Séduction**, par L. Marville.
42. **Nos Femmes**, par Albin Valabrègue.
43. **Emilie Jemmy**, par Gérard de Nerval.

44 et 54. **La Guerre des Dieux** (1re et 2e série), par Parny.

Voir à la page suivante la suite du Catalogue des ouvrages parus.

(II) Suite du Catalogue :

45. **Le Lion amoureux**, par Frédéric Soulié.
46. **Le Doge de Venise**, par Hoffmann.
47. **La Vengeance d'un Savant**, par A. Bleunard.
48. **Théodore**, par Pigault-Lebrun.
49. **La Cuisinière du Foyer**, par Henri Lozeral.
50. **Les Séductrices**, par Paul Féval fils.
51 et 63. **La Vieille Chanson française** (1re et 2e séries), ***.
52 et 71. **Voyages de Gulliver** (1re et 2e séries), par Swift.
53. **Contes et Nouvelles** (tome III), par La Fontaine.
55. **La Dette d'Honneur**, par Delphi Fabrice.
56. **Usages du Monde**, par la baronne de Savernon.
57. **La Simonne**, par Ch. Deslys.
58. **Croix et Médailles**, par L. Marville.
59. **Atala**, par Chateaubriand.
60. **L'Homme aux treize Lits**, par Delphi Fabrice.
61. **Les Enfants d'Edouard**, par Casimir Delavigne.
62. **La Patte du Chat**, par Gourdon de Genouillac.
64. **Christophe Colomb** (voyages), par Jules de Riols.
65. **Pékins et Troubades**, par Gaston Cerfberr.
66. **Le Milliardaire**, par Alexis de Pletneff.
67. **L'Armoire à Singe**, par Delphi Fabrice.
69. **Daphnis et Chloé**, p. Longus.
70. **L'Amour sous les Drapeaux**, p. R. Cross-Country.
72. **Contes et Nouvelles** (tome IV), par La Fontaine.
73. **Les Gaîtés de l'Uniforme**, par Richard Cross-Country.
74. **Péchés Roses** (3e série), par Charles Aubert.
75. **Le Trappeur du Kansas**, par Camille de Cendrey.
76 et 77. **Les Amours d'une Princesse** (2 vol.), par Odysse Barot.
78. **Don Quichotte**, par M. de Cervantès.
79. **Norah la Dompteuse**, par G.-Dancourt et G. Bertal.
80. **Robinson Crusoé**, par Daniel de Foë.
81. **Rires Francs**, par Th. Cahu.
82. **Militaires et petites Femmes**, p. R. Cross-Country.
83. **Cœur et Trèfle**, par L. Marville.
84. **Péchés Roses** (4e série), par Charles Aubert.
85. **Le Barbier de Séville**, par Beaumarchais.
86. **Vieilles Amours**, par Claire Vautier.
87. **Aventures du dernier Abencerage**, par Chateaubriand.
88. **Hélène de Chabry**, par Pierre des Brandes.
89. **La Belle Armande**, par Edouard Cadol.
90. **Contes à la Vapeur**, par Guillon et Le Rouge.
91. **Thérèse Aubert**, par Charles Nodier.
92. **Rapins !**, par Delphi Fabrice.
93. **Le Voyage des Berluron**, par M. Ordonneau.
94 et 98. **Le Prisonnier des Sioux** (2 vol.), par Camille de Cendrey.
95. **Inès de las Sierras**, par Charles Nodier.
96. **Criminel**, par Jean Barancy.
97. **Les Inutiles**, par Ed. Cadol.
99 et 107. **Croquis militaires**, (1re et 2e séries), par J. Vingtrinier.
100. **Le Cœur et l'Epée**, par Richard Cross-Country.
101. **Les Bouilleurs de Cru**, par Edouard Cadol.

Voir à la page suivante la suite du Catalogue des ouvrages parus.

102 et 103. **Faust** (2 vol.), Roman d'après Goëthe.
104. **Képis, Galons et Chiffons,** par Richard Cross-Country.
105. **Mademoiselle de Scudéry,** par Hoffmann.
106. **Hamlet,** par Shakespeare.
108 et 109. **Quentin Durward** (t. I et II), par Walter Scott.
110 et 116. **La Fille du Grand Chef** (2 vol.), par Camille de Cendrey.
111. **Le Légataire universel,** comédie de Régnard.
112 et 113. **Péchés Roses** (5e et 6e séries), par Ch. Aubert.
114 et 115. **Quentin Durward** (t. III et IV), par Walter Scott.
117. **Le Secret des Zippélius,** par Jules Lermina.
118. **Le Commandant Savabarder,** p. R. Cross-Country.
119. **Mademoiselle de Marsan,** par Charles Nodier.
120 et 121. **Péchés Roses** (7e et 8e séries), par Ch. Aubert.
122 et 125. **L'Ange des Frontières** (2 vol.), par Camille de Cendrey.
123. **La Grande Sœur,** par Abel Merklein et F. Beissier.
124. **Les Cinq...,** par A. Guignery.
126. **L'Espion de la Reine,** par Adrien Guignery.
127. **Fanoche,** par Maurice Ordonneau.
128. **Guillaume Tell,** p. Schiller.
129 et 130. **Flèche d'Or** (2 vol.), par Camille de Cendrey.
132. **L'Amante Mystérieuse,** par Louis Maurecy.
133. **Contes du Farwest,** par Hawthorne.
134. **Werther,** par Goëthe.
135. **A toute Vapeur,** par Camille Debans.
136 et 137. **Romeo et Juliette** (2 vol.), d'après Shakespeare.
138. **Les Volontaires de Guise,** par Adrien Guignery.
139 et 140. **L'Espion Indien** (2 vol.), par C. de Cendrey.
141. **Le Capitaine Rouge,** par Adrien Guignery.
142 et 143. **L'Auberge de l'Ours Noir** (2 vol.), par Camille de Cendrey.
144. **Aladin, ou la Lampe merveilleuse,** (Mille et une Nuits, 1re série), p. Galland.
145. **Voyages au coin du feu,** par Théodore Cahu.
146. **Aventures de trois Calenders,** (Mille et une nuits, 2e série). par Galland.
147 et 148. **Un Homme d'Argent** (2 vol.), par A. Decourcelle.
149. **Le Tonnelier de Nuremberg,** par A. Hoffmann.
150. **La Médecine des Foyers,** par le docteur de Bures.
151. **Contes,** d'Hégésippe Moreau.
152 et 153. **La Chasseresse sauvage** (2 vol.), par Mayne-Reid.
154. **La Fille du Bourreau,** par Arnold Mahlinger (voyages).
155. **La Drogue,** par Richard Cross-Country.
156. **Le Flibustier** (voyages), par Arnold Mahlinger.
157. **Le Joueur,** par Regnard.
158 et 159. **Dans la Prairie,** (2 vol.), par Mayne-Reid.
160 et 161. **La Captive des Mohawks** (2 vol.), par Camille de Cendrey.
162 et 163. **La Marchande de Journaux** (2 vol.), p. Odysse Barot.
164. **L'Amour d'une Reine.** (Marguerite de Bourgogne), par Adrien Guignery.
165. **Péchés militaires,** par Richard Cross-Country.
166. **Nouveau Secrétaire-Guide des Amoureux.**
167. **Nouvelle Correspondance des amoureux.**
168 et 169. **La Case de l'Oncle**

Voir à la page suivante la suite du Catalogue des ouvrages parus.

Tom (2 vol.), par Beecher Stowe.

170 Voyage sentimental, par Sterne.

171. Têtes de Boche et Casques à pointe, par Marc Mario.

172. Manuel des bons Domestiques (*livre des Maîtres*).

173. Manuel des bons Domestiques (*livre des Domestiques*).

174 et 175. Les Amours de la Comtesse Du Barry (2 vol.), par Laumont et Hure.

176 et 177. L'Enfant d'adoption (2 vol.), par C. de Cendrey.

Envoi	franco de	chaque	volume au choix,	par poste...		contre	0 fr. 30 »
—	—	25	volumes	—	par colis postal.	—	5 fr
—	—	45	—	—	—	—	9 fr.
—	—	90	—	—	—	—	18 fr.

OUVRAGES DIVERS :

Le Roman de l'Aiglon, par Carolus, *franco* . . . . 0 fr. 45

Guide Armand Silvestre de l'Exposition de 1900, *franco*. . . . . 0 fr. 45

OUVRAGES DE LUXE :

La Chemise à travers les âges, par Armand Silvestre, album in-4°, illustration par L. Le Riverend. . . . 3 fr. 50

Le Demi-Nu, par Armand Silvestre, album in-4° en couleurs, illustré par L. Le Riverend . . . . 3 fr. 50

Toutes les femmes, par A. Vignola, volume illustré de cent illustrations par l'auteur. . . . . 3 fr. 50

STERNE

VOYAGE SENTIMENTAL

ENCYCLOPÉDIE NATIONALE
E. N.
TOUT est dans TOUS

PARIS
DIDIER & MÉRICANT, ÉDITEURS
1, RUE DU PONT-DE-LODI, 1

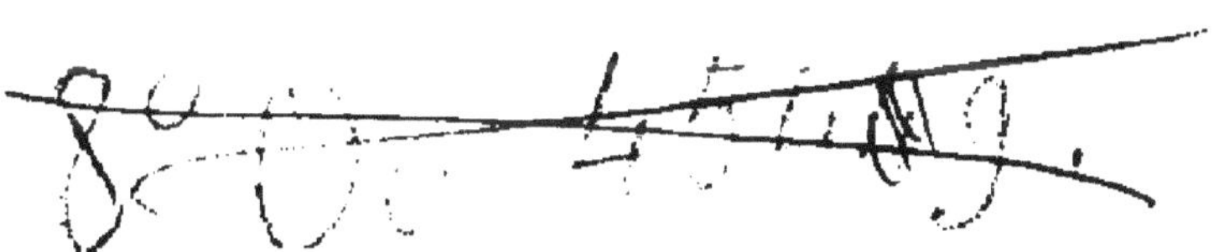

DIDIER & MÉRICANT, Éditeurs, 1, rue du Pont-de-Lodi

Extrait du Catalogue de la

NOUVELLE COLLECTION ILLUSTRÉE

A 20 Centimes LE VOLUME (Couverture jaune)

OUVRAGES DE LITTÉRATURE

La jeune Sibérienne, par Xavier de Maistre. 1 vol.
Voyage autour de ma chambre, par Xavier de Maistre. 1 vol.
Manon-Lescaut, par l'abbé Prévost . . . . . . 2 vol.
Paul et Virginie, par Bernardin-de-Saint-Pierre 2 vol.
Le Lion amoureux, par F. Soulié . . . . 1 vol.
Le Doge de Venise, par Hoffmann. . . . . . . 1 vol.
Mademoiselle de Scudéry, par Hoffmann . . 1 vol.
Le Tonnelier de Nuremberg, par Hoffmann . 1 vol.
Atala, par Chateaubriand . . . . 1 vol.
Aventures du dernier Abencerage, par Chateaubriand. . . . . 1 vol.
Faust, d'après Goëthe . . . . 2 vol.
Werther par — . . . . 1 vol.
Roméo et Juliette, d'après Shakespeare. . . . 2 vol.
Voyages de Gulliver, par Swift . . . . 2 vol.
Robinson Crusoé, par Daniel de Foë . . . . . 1 vol.
Don Quichotte, par Michel Cervantes . . . . . 1 vol.
Contes de Perrault . . . . 1 vol.
Contes d'Hégésippe Moreau . . . . 1 vol.
Quentin Durward, par Walter Scott . . . . . . 4 vol.
Les deux Bouviers, par Walter Scott . . . . . 1 vol.
La Veuve des Highlands, par Walter Scott . 1 vol.
Aladin, par Galland (*Mille et une Nuits*) . . . . 1 vol.
Aventures de trois Calenders, par Galland . 1 vol.

Envoi **franco** *de chaque volume contre* **30 centimes.**

VOYAGE SENTIMENTAL

CHAPITRE PREMIER

Quelqu'un m'avait dit que la France était le seul pays de l'Europe où il ne se commît jamais d'injustice. En Anglais curieux, je résolus de voir. Voilà pourquoi, mon bagage fait, moi Yorick, entrai à Londres dans une voiture publique, laquelle mit le voyageur à Douvres.

Un paquebot partait le lendemain. Ayant quitté, vers neuf heures du matin, le rivage de ma patrie, à trois heures après-midi, je mangeais à Calais une fricassée de poulet, pour boire ensuite à la santé du roi de France, tandis que près de moi certaines gens en disaient le plus grand mal.

Par esprit de contradiction, Yorick vanta les qualités du monarque ; et quand cela fut fait, je me levai de table en me voyant bien grandi.

— Non, dis-je, la race des Bourbons est bien éloignée d'être cruelle... Ils peuvent se laisser surprendre, c'est le sort de presque tous les princes ; mais il est dans leur sang d'être doux et modérés.

BIBLIOTHÈQUE NATIONALE RF

Tandis que cette vérité se rendait sensible à mon âme, je sentais sur ma joue un épanchement d'une espèce plus délicate, une chaleur plus douce et plus propice que celle que pouvait produire le vin de Bourgogne que je venais de boire et qui coûtait au moins quarante sous la bouteille.

— Juste Dieu ! m'écriai-je en donnant un coup de pied dans mon porte-manteau, qu'y a-t-il donc dans les biens de ce monde pour aigrir si fort nos esprits et causer des querelles si vives entre ce grand nombre d'affectionnés frères qui s'y trouvent ?

Lorsqu'un homme vit en paix et en amitié avec les autres, le plus pesant des métaux est plus léger qu'une plume dans sa main. Il tire sa bourse, la tient ouverte et regarde autour de lui, comme s'il cherchait un objet avec lequel il pourrait la partager. C'est précisément ce que je cherchais... Je sentais toutes mes veines se dilater. Le battement de mes artères se faisait avec un concert admirable. Toutes les puissances de la vie accomplissaient en moi leurs mouvements avec la plus grande facilité, et la précieuse la plus instruite de Paris, avec tout son matérialisme, aurait eu de la peine à me reconnaître et à m'appeler une machine...

« Je suis persuadé, me disais-je à moi-même, que je bouleverserais son *Credo*. »

Cette idée, qui se joignit à celles que j'avais, éleva en moi, dans ce moment, la nature aussi haut qu'elle pouvait monter... J'étais en paix avec tout le monde auparavant, et cette pensée acheva de me faire conclure le même traité avec moi-même.

« Si j'étais à présent roi de France, me disais-je, quel moment favorable à un orphelin pour me demander, malgré le droit d'aubaine, le porte-manteau de son père ! »

Cette exclamation était à peine sortie de ma bouche, qu'un moine de l'ordre de Saint-François entra dans ma chambre pour me demander quelque chose pour son couvent. Personne ne veut que le hasard dirige ses vertus. Un homme qui peut n'être généreux que de la même manière qu'un autre, selon la distinction des casuistes, peut être puissant...

Quoi qu'il en soit... Mais peut-on raisonner régulièrement le flux et le reflux de nos humeurs ?... Elles dépendent peut-être des mêmes causes que les marées ; et, si cela était, ce serait une espèce d'excuse à cette inconstance à laquelle nous sommes si sujets. Je sais bien, pour ce qui me regarde, que j'aimerais mieux qu'on dît de moi, dans une affaire où il n'y aurait ni péché ni honte, que j'ai été dirigé par les influences de la lune, que d'entendre attribuer l'action, où il y en aurait, à mon *libre arbitre*.

Quoi qu'il en soit, car il faut revenir où j'en étais, je n'eus pas sitôt jeté les yeux sur le moine, que je me sentis *prédéterminé* à ne pas lui donner un sou. Je renouai effectivement le cordon de ma bourse, et je la remis dans ma poche. Je pris un certain air, et, la tête haute, j'avançai gravement vers lui. Je crois même qu'il y avait quelque chose de rude et de rebutant dans mes regards. Sa figure est encore présente à mes yeux, et il me semble, en me la rappelant, qu'elle méritait un accueil plus honnête. Si j'en juge par sa tête chauve et le peu de cheveux blancs qui lui restaient, il pouvait avoir soixante-dix ans. Cependant ses yeux, où l'on voyait une espèce de feu que l'usage du monde avait plutôt modéré que le nombre des années, n'indiquaient que soixante ans. La vérité était peut-être au milieu de ces deux calculs, c'est-à-dire, qu'il pouvait avoir soixante-cinq ans. Sa physionomie, en général, lui donnait cet âge. Les rides dont elle était sillonnée ne font rien à la chose ; elles pouvaient être prématurées.

C'était une de ces têtes qui sont si souvent sorties du pinceau du Guide : une figure douce, pâle, n'ayant point l'air d'une ignorance nourrie par la présomption ; des yeux pénétrants, et qui, cependant, se baissaient avec modestie sur la terre, et semblaient viser à quelque chose au delà de ce monde. Dieu sait mieux que moi comment cette tête et cette figure avaient été placées sur les épaules d'un moine, et surtout d'un moine de son ordre : elle aurait mieux convenu à un brahmane ; mais il l'avait, et je l'aurais respecté si je l'avais rencontré dans les plaines de l'Indoustan.

Le reste de sa figure était ordinaire, et il aurait été aisé de la peindre, parce qu'il n'y avait rien d'agréable ni de rebutant que ce que le caractère et l'expression rendaient tel. Sa taille, au-dessus de la médiocre, était un peu raccourcie par une courbure ou un pli qu'elle faisait en avant. Mais c'était l'attitude d'un moine qui se voue à l'art de mendier ; et, à tout prendre, telle qu'elle se présente en ce moment à mon imagination, elle gagnait plus qu'elle ne perdait à être ainsi.

Il fit trois pas en avant dans la chambre, mit la main sur sa poitrine, et se tint debout avec un bâton blanc dans sa main droite. Il me détailla les besoins de son couvent, et la pauvreté de son ordre... Il le fit d'un air si naturel, si gracieux, si humble, qu'il fallait que j'eusse été ensorcelé pour n'en être pas touché...

Mais la meilleure raison que je puisse alléguer de mon insensibilité, c'est que j'étais prédéterminé à ne pas donner un sou.

— Il est bien vrai, lui dis-je pour répondre à une élévation de ses yeux qui avait terminé son discours, il est bien vrai !... Je souhaite que le ciel soit propice à tous ceux qui n'ont d'autres ressources que la charité du public : mais je crains qu'elle ne soit pas assez zélée pour satisfaire à toutes les demandes qu'on lui fait à chaque instant.

A ce mot de demandes, il jeta un coup d'œil léger sur une des manches de sa robe... Je sentis toute l'éloquence de ce langage.

— Je l'avoue, dis-je, un habit grossier qu'il ne faut user qu'en trois ans, et un ordinaire apparemment fort mince... je l'avoue, tout cela n'est pas grand'chose ; mais encore est-ce dommage qu'on puisse les acquérir dans ce monde avec aussi peu d'industrie que votre ordre en emploie pour se les procurer. Il ne les obtient qu'aux dépens des fonds destinés aux aveugles, aux infirmes, aux estropiés et aux personnes âgées... Le captif qui, le soir en se couchant, compte les heures de ses afflictions languit après une partie de cette aumône à laquelle il aspire...

Que n'êtes-vous de l'ordre de la Merci, au lieu d'être de celui de Saint-François ? Pauvre comme je suis, vous voyez mon portemanteau, il est léger, mais il se serait ouvert avec plaisir pour contribuer à rançonner des malheureux...

Le moine me salua...

— Mais surtout, ajoutai-je, les infortunés de notre propre pays exigent la préférence, et j'en ai laissé des milliers sur les rivages de ma patrie...

Il fit un mouvement de tête, plein de cordialité, qui semblait me dire que la misère règne dans tous les coins du monde, aussi bien que dans son couvent...

— Mais nous distinguons, lui dis-je, en posant la main sur la manche de sa robe, dans l'intention de répondre à son signe de tête, nous distinguons, mon bon père, ceux qui ne désirent d'avoir du pain que par leur propre travail, d'avec ceux qui, au contraire, ne veulent vivre, qu'aux dépens du travail des autres et qui, en demandant le nécessaire pour l'amour de Dieu, n'ont d'autres plans de vie que de l'acquérir par le moyen de leur oisiveté et de leur ignorance.

Le pauvre franciscain ne répliqua pas... Un rayon de rougeur traversa ses joues et se dissipa dans un clin d'œil; il semblait que la nature épuisée ne lui fournissait point de ressentiment... Du moins, il n'en fit pas voir. Il laissa tomber son bâton blanc sur son bras, se baissa avec résignation sur ses deux mains, et se retira.

Il n'eut pas sitôt fermé la porte, que mon cœur me fit un reproche de dureté. Je voulus, à trois fois différentes, prendre un air de *sans souci*; mais ma tranquillité ne revenait pas. Tout ce que je lui avais dit de désagréable se présenta de nouveau à mon imagination. Je fis réflexion que je n'avais d'autre droit sur ce pauvre moine que de le refuser, et que c'était une peine assez grande pour lui, sans y ajouter des paroles dures. Je me rappelais ses cheveux gris. Sa figure, son air honnête se retraçaient à mes yeux, et il me semblait l'entendre dire : « Quel mal vous ai-je fait ?... Pourquoi me traiter ainsi ?... » En vérité, j'aurais, dans ce moment, donné vingt francs pour avoir un avocat... Il m'aurait trouvé des raisons pour concilier tout cela... Cependant je me consolai un peu... « Mais ne vais-je pas courir le monde ? Je ne fais que commencer mes voyages... J'apprendrai par la suite à me mieux conduire. »

J'avais remarqué qu'un homme mécontent de lui-même était dans une position d'esprit admirable pour faire un marché. Il me fallait une voiture pour voyager en France ; les piétons sont mal reçus dans les auberges. J'aperçus des chaises dans la cour de l'hôtellerie, et je descendis de ma chambre pour en acheter ou pour en louer une. Une vieille désobligeante, qui était placée dans le coin le plus reculé de la cour, me frappa d'abord les yeux, et je sautai dedans, je la trouvai assez commode, elle me plut, et je fis appeler M. Dessein le maître de l'hôtellerie... Mais M. Dessein était allé à vêpres. Cela me fâcha un peu : j'aurais fait tout de suite mon affaire... J'allais descendre, lorsque j'aperçus le moine de l'autre côté de la cour, causant avec une dame qui venait d'arriver à l'auberge... Je ne voulais pas qu'ils me vissent, je tirai le rideau de taffetas. Mais que faire dans une désobligeante?... « Parbleu! me voilà bien embarrassé! dis-je; j'ai envie d'écrire mon voyage : qui m'empêche d'en faire ici la préface... » Je tirai de ma poche ma plume *sans fin*, et je me mis à écrire :

Je ne doute point qu'il n'y ait des philosophes péripatéticiens ou autres, il m'importe, qui n'aient observé que la nature, de sa propre autorité, avait mis des bornes au mécontentement de l'homme; pour moi, je l'ai remarqué, et j'ai cru voir qu'elle avait agi pour lui de la manière la plus commode et la plus favorable : elle l'a, en effet, obligé à travailler pour obtenir ses aisances et pour soutenir les revers de la fortune dans son propre pays. Ce n'est que chez lui qu'elle l'a pourvu d'objets les plus propres à participer à son bonheur, ou à supporter une partie de ses peines; fardeau qui, dans tous les âges et dans toutes les contrées, a toujours paru trop pesant pour les épaules d'une seule personne. Il arrive quelquefois, malgré cela, que nous pouvons étendre notre bonheur au delà des limites de notre patrie; mais l'embarras de s'exprimer, le manque de connaissances, le défaut de liaisons, la différence qui se trouve dans l'éducation, les mœurs, les coutumes, tout cela forme tant de difficultés, nous trouvons tant d'obstacles à communiquer nos sensations hors de notre propre sphère, qu'il est presque impossible de les surmonter.

Il s'ensuit de là que la balance du commerce *sentimental* est toujours contre celui qui sort de chez lui. Les gens qu'il rencontre lui font acheter au prix qu'ils veulent les choses dont il n'a guère besoin; ils prennent rarement sa conversation en échange pour la leur sans qu'il y perde... et il est forcé de changer souvent de correspondants pour tâcher d'en trouver de plus équitables. On devine aisément tout ce qu'il a à souffrir.

Cela me conduit à mon sujet, et, si le mouvement que je fais faire à la désobligeante me permet d'écrire, je vais développer les causes qui excitent à voyager.

Les gens oisifs qui quittent leur pays natal pour aller chez les étrangers ont leurs raisons: elles viennent de l'une ou de l'autre de ces trois causes générales:

Infirmité du corps.

Faiblesse d'esprit:

Nécessité inévitable.

Les deux premières causes renferment ceux que l'orgueil, la curiosité, la vanité, une humeur sombre, excitent à s'expatrier; et cela peut être combiné et subdivisé à l'infini.

Il fit un mouvement de tête plein de cordialité.
(Page 13.)

2.

La troisième classe offre une armée de pèlerins ou plutôt de martyrs. C'est ainsi que voyagent, sur l'obédience d'un supérieur, les moines de toutes les couleurs. C'est ainsi que les coupables vont chercher le châtiment de leurs crimes; et vous, heureux enfants de famille, aimables libertins, n'est-ce pas aussi de cette manière que vous faites des voyages, auxquels vous êtes forcés par des parents barbares qui s'érigent en perturbateurs de vos plaisirs?

Mais qu'ai-je fait?... Réparons promptement cette faute: j'ai oublié une autre classe. On ne peut, dans un ouvrage de la nature de celui-ci, observer trop de délicatesse et de précision pour ne point confondre les caractères. Les hommes dont je veux parler ici sont ceux qui traversent les mers, et séjournent chez les étrangers, dans l'idée ou d'y faire fortune ou de dépenser moins que chez eux. L'imagination la plus vive ne pourrait se retracer la variété de leurs prétextes. Peut-être s'épargneraient-ils beaucoup de peine inutile en restant dans leur pays... Mais cette réflexion n'empêche pas leurs essaims nombreux de se répandre; et comme leurs raisons de voyager ne sont pas aussi uniformes que celles des autres voyageurs, je les distinguerai seulement sous le titre de simples voyageurs.

Et voici comme je divise le cercle entier des voyageurs:

Voyageurs oisifs. — Voyageurs curieux. — Voyageurs menteurs. — Voyageurs orgueilleux. — Voyageurs vains. — Voyageurs sombres.

Viennent ensuite :

Les voyageurs contraints, les moines, les bandits, etc ; Les voyageurs innocents et infortunés. Les voyageurs simples :

Enfin, s'il vous plaît, le voyageur *sentimental* ou moi-même, qui ai aussi voyagé...

Je vais rendre compte de mes voyages ; et, si l'on me demande pourquoi je les ai faits, je n'ai rien de caché pour vous, mon cher lecteur. Je les ai faits par nécessité et par le besoin que j'avais de voyager autant que tout autre.

Je sais que mes observations sont d'une tournure différente que celle des écrivains qui m'ont précédé, et que j'aurais peut-être pu exiger pour moi seul une niche à part ; mais, en voulant attirer l'attention sur moi, ce serait empiéter sur les droits du voyageur vain, et j'abandonne cette prétention jusqu'à ce qu'elle soit mieux fondée que sur l'unique nouveauté de ma voiture.

Mon lecteur se placera lui-même comme il voudra dans le catalogue. Il ne lui faut, s'il a voyagé, que peu d'étude et de réflexion pour se mettre dans le rang qui lui convient. Ce sera toujours un pas qu'il aura fait pour se faire connaître, et je parierais, malgré ses voyages, qu'il s'apercevra qu'il a conservé quelque teinture de ce qu'il était avant qu'il ne les commençât.

L'homme qui, le premier, transplanta des ceps de vignes de Bourgogne au Cap de Bonne-Espérance ne s'imagina pas, sans doute, quoique Hollandais, qu'il boirait au Cap du même vin que ces ceps de vignes auraient produit sur les côteaux de Beaune et de Pomard ...Il était trop flegmatique pour s'attendre à pareille chose, mais il était au moins dans l'idée qu'il boirait une espèce de liqueur vineuse bonne, médiocre ou tout à fait mauvaise. Il savait que cela ne dépendait pas de son choix, et que ce qu'on appelle hasard devait décider du succès. Cependant il en espérait la meilleure réussite : mais M. Vanmynher, par une confiance trop présomptueuse dans la force de sa tête et dans la profondeur de sa discrétion, aurait bien pu voir renverser l'une et l'autre par les fruits de son nouveau vignoble, et devenir la risée du peuple. Il n'aurait pas été le premier cultivateur des coteaux qui, pour prix de ses soins, eût montré sa nudité.

Il en est de même d'un pauvre voyageur qui se hisse dans un vaisseau, ou qui court la poste à travers les royaumes les plus policés du globe pour s'avancer dans la recherche des connaissances et des perfections.

On peut en acquérir en courant les mers et la poste dans cette vue; mais c'est mettre à la loterie. En supposant qu'on obtienne ainsi des connaissances utiles et des perfections réelles, il faut encore savoir se servir de ce fonds acquis avec précaution et avec économie pour le faire tourner à profit. Malheureusement, les chances vont ordinairement au revers et pour l'acquisition et pour l'application. Cela me fait croire qu'un homme pourrait vivre tout aussi content dans son pays sans connaissances et sans perfections étrangères, surtout si on n'y avait pas absolument besoin des unes et des autres. Je tombe en défaillance quand j'observe tous les pas que fait un voyageur curieux pour jeter les yeux sur des spectacles et des découvertes qu'il aurait pu voir chez lui. « Eh! pourquoi tant de peines et de fatigues? » disent en duo Don Quichotte et Sancho Pança. Le siècle est si éclairé, qu'à peine il y a quelque pays ou quelque coin dans l'Europe dont les rayons ne soient pas traversés ou échangés réciproquement avec d'autres. Les rameaux divers des connaissances ressemblent à la musique dans les rues des villes d'Italie; on participe *gratis* à ses agréments.

Mais il n'y a pas de nation sous le ciel (et Dieu, à qui je rendrai compte de cet ouvrage, Dieu est témoin que je parle sans ostentation), il n'y a pas, dis-je, une nation sous le ciel qui soit plus féconde dans les genres variés de la littérature... où l'on fête plus les sciences.. où l'on puisse les acquérir avec plus de sûreté ... où les arts soient plus encouragés et plus tôt portés à leur perfection... où la nature soit plus approfondie... où le génie soit mieux soutenu par la variété des esprits et des caractères... Où allez-vous donc, mes chers compatriotes ?

— Nous ? dirent-ils, nous ne faisons que regarder cette chaise.

— Votre très humble serviteur, leur dis-je en sautant dehors et en ôtant mon chapeau.

L'un d'eux, qui était un voyageur curieux, me dit qu'ils avaient envie de savoir d'où venait ce mouvement qu'ils avaient remarqué dans la chaise...

— C'était, comme vous voyez, l'agitation d'un homme qui écrivait une préface,..

— Je n'ai jamais entendu parler, dit l'autre, qui était un voyageur simple, d'une préface écrite dans une *désobligeante*...

Elle aurait peut-être été plus chaudement faite, lui dis-je, dans un vis-à-vis...

Mais un Anglais ne voyage pas pour voir des Anglais... Je me retirai dans ma chambre.

II

Mon porte-manteau était tombé une fois de derrière la chaise ; j'avais été obligé de descendre deux fois par la pluie, et je m'étais mis une autre fois dans la boue jusqu'aux genoux pour aider le postillon à l'attacher... Je ne savais ce qui causait un dérangement si fréquent. J'arrive à Montreuil, et l'hôte me demande si je n'ai pas besoin d'un domestique. A ce mot, je devine que c'est le défaut d'un domestique, qui est cause que mon porte-manteau se dérange si souvent.

— Un domestique ? dis-je. Oui, j'en ai besoin ; il m'en faut un.

— Monsieur, dit l'hôte, c'est qu'il y a ici près un jeune homme qui serait charmé d'avoir l'honneur de servir un Anglais.

— Et pourquoi plutôt un Anglais qu'un autre ?

— Ils sont si généreux répond l'hôte.

— Bon ! dis-je en moi-même ; je gage que ceci me coûtera vingt sous de plus ce soir...

— C'est qu'ils ont de quoi faire les généreux ajouta-t-il.

— Courage ! me disais-je, autre vingt sous à noter.

— Pas plus tard qu'hier au soir, continua-t-il, un milord anglais offrit un écu à la fille...

— Tans pis pour mademoiselle Jeanneton, dis-je.

Mademoiselle Jeanneton était fille de l'hôte ; et l'hôte, s'imaginant que je n'entendais pas bien le français, se hasarda à m'en donner une leçon.

— Ce n'est pas *tant pis* que vous auriez dû dire, monsieur, c'est *tant mieux*. C'est toujours tant mieux quand il y a quelque chose à gagner ; tant pis quand il n'y a rien.

— Oh ! cela revient au même, lui dis-je.

— Pardonnez-moi, monsieur, dit l'hôte ; cela est bien différent.

Ces deux expressions, *tant pis* et *tant mieux*, sont les deux grands pivots de presque toutes les conversations françaises, et il est bon d'avertir qu'un étranger qui va à Paris ferait bien de s'instruire, avant d'arriver, de toute l'étendue de leur usage.

Un jeune marquis, plein de vivacité, demanda à M. Hume, à la table de notre ambassadeur s'il était M. Hume le poète : « Non, dit M. Hume, tranquillement. — Tant pis, » répond le marquis. « C'est M. Hume l'historien, dit un autre. — Ah ! tant mieux, » dit le marquis. Et M. Hume, dont le cœur, comme on sait, est excellent, remercia le marquis pour son *tant pis* et pour son *tant mieux*.

L'hôte, après sa leçon, appela la Fleur : c'est

ainsi que se nommait le jeune homme qu'il me proposait.

— Je ne puis rien dire de ses talents ; monsieur en jugera mieux que moi ; mais pour sa probité, j'en réponds.

Je ne sais quel ton il donna à ce qu'il disait, mais il me fit faire attention à ce que j'allais faire ; et la Fleur, qui attendait dehors avec cette impatience qu'ont tous les enfants de la nature en certaines occasions, fit son entrée.

Je suis disposé à penser favorablement de tout le monde au premier abord, et surtout d'un pauvre diable qui vient offrir ses services à un aussi pauvre diable que moi ; mais ce penchant me donne quelquefois de la défiance ; il m'autorise du moins à en avoir. J'en prends plus ou moins, selon l'humeur qui me domine et le cas dont il s'agit... Je puis ajouter aussi, selon le sexe à qui je dois avoir affaire.

Dès que la Fleur entra dans la chambre, son air ouvert et naturel triompha de la défiance. Je me décidai sur-le-champ en sa faveur, et je l'arrêtai sans hésiter. La prudence me chuchota que je ne savais pas ce qu'il savait faire. Eh bien ! je découvrirai ses talents à mesure que j'en aurai besoin... D'ailleurs, un Français est propre à tout.

Cependant la curiosité m'aiguillonna ; et quelle fut ma surprise ! le pauvre la Fleur ne savait que battre du tambour et jouer quelques marches sur le fifre. Je sentis que ma faiblesse n'avait jamais été insultée plus vivement que dans cette occasion par ma sagesse...

Malgré cela, je résolus de me contenter des talents de la Fleur. Il avait commencé son entrée dans le monde par satisfaire le noble désir qui enflamme presque tous ses compatriotes... Il avait servi le roi plusieurs années; mais, s'étant aperçu que l'honneur d'être tambour n'ouvrait pas les portes de la récompense ni la carrière de la gloire, il s'était retiré sur ses terres, où il vivait comme il plaisait à Dieu, c'est-à-dire aux dépens de l'air.

« Ainsi, me dit la sagesse, vous avez pris un tambour pour vous servir pendant ce voyage? — Et pourquoi ne l'aurais-je pas pris? dis-je. Nai-je pas mieux fait que la moitié de notre noblesse, qui voyage avec des *lanodors* de laquais qu'elle paye, et qui lui laissent à payer de plus le flûteur, le harpiste, la clarinette, le diable et tout son train?... Lorsqu'on veut se débarrasser d'un mauvais marché par une équivoque... je trouve qu'on n'est pas à plaindre. »

— Mais, la Fleur, vous savez sans doute faire quelque chose de plus?...

— Oh qu'oui!...

Il pouvait faire des guêtres et jouer un peu du violon. (Bravo! dit la sagesse.)

— Moi, lui dis-je, je joue de la basse... ainsi,

nous pourrons nous concerter... Mais vous savez raser? Vous accommodez un peu une perruque?

— J'ai les meilleures dispositions...

— C'en est assez pour le ciel, lui dis-je en l'interrompant, et cela doit me suffire.

On servit le souper... Je me mis à table. J'avais d'un côté de ma chaise un épagneul anglais, un domestique français de l'autre; j'étais aussi gai qu'on peut l'être... J'étais content de mon empire... Et si les monarques savaient borner leurs désirs, ils seraient aussi heureux que je l'étais.

La Fleur ne m'a point quitté pendant tous mes voyages, et il sera souvent question de lui. Il est bien juste que j'instruise un peu mes lecteurs sur son compte. Et pourquoi même ne parviendrais-je pas à les intéresser en sa faveur? Je n'ai jamais eu raison de me repentir d'avoir suivi les impulsions qui m'avaient déterminé à le prendre; jamais philosophe n'a eu de domestique plus fidèle, plus attaché, plus véridique. Ses talents de battre du tambour et de faire des guêtres, bons en eux-mêmes, ne m'étaient pas, à la vérité, d'une grande utilité, mais j'en étais bien récompensé par la gaieté perpétuelle de son humeur... Elle suppléait à tous les talents qu'il n'avait pas; elle aurait même, dans mon esprit, effacé ses défauts. Sa figure m'était une ressource; j'y trouvais toujours de l'encouragement dans mes embarras, une espèce de fil qui me faisait sortir des difficultés que je rencontrais... j'allais dire aussi des siennes; mais il semblait que rien n'était difficile pour lui. La faim, la soif, le froid, le chaud, les veilles, la fatigue ne faisaient pas la moindre impression sur sa physionomie; il était éternellement le même. Je ne sais si je suis philosophe; Satan, qui se mêle de tout, veut me le persuader; mais, si je le suis, je l'avoue, je me suis trouvé bien des fois humilié en réfléchissant aux obligations que j'avais au caractère philosophique de ce pauvre garçon. Combien de fois son exemple ne m'a-t-il pas excité à m'appliquer à une philosophie sublime!... Avec tout cela, la Fleur, était un peu fat; mais c'était plutôt un mouvement de la nature que l'effet de l'art. Il n'eut pas demeuré trois jours à Paris que cette fatuité disparut... Je voulais apprendre tout cela à mes lecteurs; la chose valait bien un chapitre.

J'installai le lendemain matin la Fleur dans sa charge. Je fis devant lui l'inventaire de mes six chemises et de ma culotte de soie noire, et je lui donnai la clef de mon porte-manteau: je lui dis de le bien attacher derrière la chaise, de faire atteler les chevaux, et d'avertir l'hôte de m'apporter son compte.

— Ce garçon est heureux, dit l'hôte, en adressant la parole à cinq ou six filles qui entouraient la Fleur et lui souhaitaient affectueusement un bon voyage; voilà sa fortune faite.

J'observais cette petite scène. La Fleur baisait les mains des filles. Ses yeux se mouillèrent; il les essuya trois fois, et trois fois il promit d'apporter des pardons de Rome à toute la bande.

— Toute la ville l'aime, me dit l'hôte; on le trouvera de manque à tous les coins de Montreuil. Il n'a qu'un seul défaut, c'est d'être toujours amoureux...

« Bon! dis-je en moi-même, cela m'évitera la peine de mettre chaque nuit ma culotte sous mon oreiller. » Et je faisais moins, en disant cela, l'éloge de la Fleur que le mien. J'ai toute ma vie été amoureux d'une princesse ou de quelque autre, et je compte bien l'être jusqu'à ma mort. Je suis très persuadé que, si j'étais destiné à faire une action basse, c'est qu'auparavant j'aurais cessé d'aimer, et que je ne la ferais que dans l'intervalle d'une passion à l'autre. J'ai éprouvé quelquefois de ces interrègnes, et je me suis toujours aperçu que mon cœur était fermé pendant ce temps : il était si endurci qu'il fallait que je fisse un effort sur moi pour soulager un misérable en lui donnant seulement six sous. Je me hâtais alors de sortir de cet état d'indifférence. Le moment où je me retrouvais ranimé par la tendre passion était le moment où je redevenais généreux et compatissant. J'aurais tout fait, ou pour obliger mes frères, ou par complaisance pour la compagnie dans laquelle je me trouvais : je n'y mettais qu'une condition, c'est qu'il n'y aurait pas eu de crime... Mais que fais-je en disant tout ceci ? Qu'on ne s'y trompe pas ; ce n'est pas mon éloge, c'est celui de la passion.

III

Quand toutes vos affaires sont arrangées, il faut songer encore, avant de monter en voiture, aux aumônes possibles.

Personne ne donne moins que moi, parce qu'il y a peu de mes connaissances qui aient moins à donner. Mais c'était le premier acte de cette nature que je faisais en France. Aussi, je le fis avec beaucoup d'attention.

— Hélas ! disais-je en montrant la même monnaie au bout de mes doigts, il me reste huit sous quand on compte huit pauvres femmes et autant d'hommes pour les recevoir.

Un de ces hommes sans chemise, et dont l'habit tombait en lambeaux, se trouvait au milieu des femmes. Il s'en retira aussitôt en faisant la révérence. Si tout le parterre criait d'une voix : *Place aux dames !* il ne montrerait pas plus de déférence pour le beau sexe que ce pauvre homme.

« Juste ciel ! m'écriai-je en moi-même, par quelles sages raisons avez-vous ordonné que la mendicité et la politesse seraient réunies dans ce pays, quand elles sont si opposées dans les autres régions ? »

Je lui offris un de mes huit sous uniquement parce qu'il avait été honnête.

Un pauvre petit homme, plein de vivacité, et qui était vis-à-vis de moi, après avoir mis sous son bras un fragment de chapeau, tira sa tabatière de sa poche, et offrit généreusement une prise de tabac à toute l'assemblée... C'était un don de conséquence, et chacun le refusa en faisant une inclination... Il les sollicita avec un air de franchise :

— Prenez, prenez-en, dit-il en regardant d'un autre côté.

Et à la fin ils en prirent.

— Ce serait dommage, me dis-je, que ta boîte se vidât.

J'y mis deux sous, et j'y pris moi-même une prise de tabac pour lui rendre le don plus agréable. Il sentit le poids de la seconde obligation plus que celui de la première. C'était lui faire honneur. L'autre, au contraire, était humiliante ; il me salua jusqu'à terre.

— Tenez, dis-je à un vieux soldat qui n'avait qu'une main, et semblait avoir vieilli dans le service, voilà deux sous pour vous.

— Vive le roi ! s'écria le vieux soldat.

Il ne me restait plus que trois sous. J'en donnai un pour l'amour de Dieu. C'est à ce titre qu'on me le demandait. La pauvre femme avait la cuisse disloquée : on ne peut pas soupçonner que ce fût pour un autre motif.

— Mon cher et très charitable monsieur !...

— On ne peut pas renvoyer celui-là, me disais-je.

— Milord anglais !

Le seul son de ce mot valait l'argent, et je le payai du dernier de mes sous.

Mais, dans l'empressement où j'avais été de les distribuer, j'avais oublié un pauvre honteux, qui n'avait personne pour faire la quête, et qui, peut-être, aurait péri avant d'oser demander lui même. Il était près de la chaise, mais hors du cercle ; il essuyait une larme qui découlait le long de son visage, et il avait l'air d'avoir vu de plus beaux jours. « Bon Dieu ! me disais-je, et je n'ai pas un sou pour lui donner ! Vous en avez mille, s'écrièrent à la fois toutes les puissances de la nature, qui étaient en mouvement chez moi. » Je m'approchai de lui, et je lui donnai... il n'importe quoi ...Je rougirais à présent de me souvenir combien... J'étais honteux alors de penser com-

Ensuite il chercha dans la poche de sa veste
(Page 45.)

3.

bien peu. Si le lecteur devine ma disposition, il peut juger, entre ces deux points donnés, à un écu ou deux près, quelle fut la somme donnée.

Je ne pouvais rien donner aux autres.

— Que Dieu vous bénisse ! leur dis-je.

— Et le bon Dieu vous bénisse vous-même ! s'écrièrent le vieux soldat, le petit homme, etc.

Le pauvre honteux ne pouvait rien dire... Il se retira dans un coin pour essuyer ses yeux en se détournant. Je crus qu'il me remerciait plus que tous ceux qui parlaient.

Ces petites affaires ne furent pas sitôt ajustées, que je montai dans ma chaise, très content de tout ce que j'avais fait à Montreuil... La Fleur, avec ses grosses bottes, sauta sur un bidet... Il s'y tenait aussi droit et aussi heureux qu'un prince.

Mais qu'est-ce que le bonheur et les grandeurs dans cette scène factice de la vie? Rien n'y est stable ni permanent. Nous n'avions pas encore fait une lieue, qu'un âne mort arrêta tout court la Fleur dans sa course... Le bidet ne voulut pas passer. La contestation entre la Fleur et lui s'échauffa, et le pauvre garçon fut désarçonné et jeté par terre.

Il souffrit sa chute avec toute la patience du Français qui aurait été le meilleur chrétien, et ne dit pas autre chose que : « Diable ! » Il remonta à cheval sur-le-champ et battit le bidet comme il aurait pu battre son tambour.

Le bidet volait d'un côté du chemin à l'autre, tantôt par ci, tantôt par là; mais il ne voulait pas approcher de l'âne mort. La Fleur, pour le corriger, insistait... Et le bidet entêté le jeta encore par terre.

— Qu'a votre bidet, lui dis-je, la Fleur ?

— Monsieur, c'est le cheval le plus opiniâtre du monde.

— Eh bien! s'il est obstiné, repris-je, il faut le laisser aller à sa fantaisie.

La Fleur, qui était remonté, descendit; et, il lui donna un grand coup de fouet, mais le bidet s'en retourna en galopant à Montreuil.

— Peste! dit la Fleur.

Je crois qu'il est bon de remarquer ici que, quoique la Fleur, dans ses accidents, ne se fût servi que de deux termes d'exclamations, il y en a cependant trois dans la langue française: ils répondent à ce que les grammairiens appellent le positif, le comparatif et le superlatif; et l'on se sert des uns et des autres dans tous les accidents imprévus de la vie!

Diable ! est le premier degré, c'est le degré positif; il est d'usage dans les émotions ordinaires de l'esprit, et lorsque de petites choses contraires à notre attente arrivent. Qu'on joue, par exemple, au passe-dix, et que l'on ne rapporte deux fois de suite que double as, ou, comme la Fleur, que l'on soit désarçonné et jeté par terre, ces petites circonstances et tant d'autres s'expriment par *diable!* et c'est pour cettte raison que le cocuage, qui, en certain pays de l'Europe, exige plus d'énergie, ne se plaint en France que par cette expression.

Mais dans une aventure où il entre quelque chose de dépitant, comme lorsque le bidet s'enfuit en laissant la Fleur étendu par terre dans ses grosses bottes, alors vient le second degré: on se sert de *peste!*

Pour le troisième...

Oh! c'est ici que mon cœur se gonfle de compassion, quand je songe à ce qu'un peuple aussi poli doit avoir souffert pour qu'il soit forcé à s'en servir...

Puissances qui délies nos langues et les rends éloquentes dans la douleur, accorde-moi des termes décents pour exprimer ce superlatif, et, quel que soit mon sort, je céderai à la nature...

Mais il n'y a point de ces termes décents dans la langue française... je pris mon parti, je formai la résolution de prendre les accidents qui m'arriveraient avec patience et sans faire d'exclamation.

La Fleur n'avait pas fait cette convention avec lui-même. Il suivit le bidet des yeux tant qu'il le put voir... Et l'on peut s'imaginer, si l'on veut, dès qu'il ne le vit plus, de quelle expression il fit usage pour conclure la scène.

—

Il n'y avait guère de moyen, avec des bottes fortes aux jambes, de rattrapper un cheval effarouché. Je ne voyais qu'une alternative. c'était de faire monter la Fleur derrière la chaise, ou de l'y faire entrer..

Il vint s'asseoir à côté de moi, et, dans une demi-heure, nous arrivâmes à la poste de Nampont.

— Voici, dit-il en tirant de son bissac le reste d'une croûte de pain, voici ce que tu aurais partagé avec moi, si tu avais vécu...

Je croyais que cet homme apostrophait son enfant.... mais c'était à son âne qu'il adressait la parole, et c'était le même âne que nous avions vu en chemin, et qui avait été si fatal à la Fleur ...Il paraissait le regretter si vivement, qu'il me fit souvenir des plaintes que Sancho Pança avaient faites dans une occasion semblable. Mais cet homme se plaignait avec des touches plus conformes à la nature.

Il était assis sur un banc de pierre à la porte. Le panneau et la bride de l'âne étaient à côté de lui : il les levait de temps en temps, et les laissait ensuite tomber... puis les regardait fréquemment en levant la tête. Il reprit ensuite sa croûte de pain comme s'il allait la manger... Mais, après l'avoir tenue quelque temps à la main, il la posa sur le mors de la bride en regardant avec des yeux de désir l'arrangement qu'il venait de faire, et il soupira.

La simplicité de sa douleur assembla une foule de monde autour de lui; et la Fleur s'y mêla pendant qu'on attelait les chevaux. Moi, j'étais resté dans la chaise, et je voyais et j'entendais par-dessus la tête des autres.

Il disait qu'il venait d'Espagne, où il était allé du fond de la Franconie, et qu'il s'en retournait chez lui. Chacun était curieux de savoir ce qui avait pu engager ce pauvre vieillard à entreprendre un si long voyage.

— Hélas ! dit-il, le ciel m'avait donné trois fils : c'étaient les plus beaux garçons de toute l'Allemagne. La petite vérole m'enleva les deux aînés. Le plus jeune était frappé de la même maladie ; je craignis aussi de le perdre, et je fis vœu, s'il en revenait, d'aller par reconnaissance en pélerinage à Saint-Jacques de Compostelle.

Là il s'arrêta pour payer un tribut à la nature... et pleura amèrement.

Il continua...

— Le ciel, dit-il, me fit la faveur d'accepter la condition, et je partis de mon hameau avec le pauvre animal que j'ai perdu... Il a participé à toutes les fatigues de mon voyage. Il a mangé le même pain que moi pendant toute la route... Enfin, il a été mon compagnon et mon ami.

Chacun prenait part à la douleur de ce pauvre homme. La Fleur lui offrit de l'argent... Il dit qu'il n'en avait pas besoin.

Hélas ! ce n'est pas la valeur de l'âne que je regrette, c'est sa perte... J'étais assuré qu'il m'aimait...

Il leur raconta l'histoire d'un malheur qui leur était arrivé en passant les Pyrénées... ils s'étaient perdus et avaient été séparés trois jours l'un de l'autre ; pendant ce temps l'âne l'avait cherché autant qu'il avait cherché l'âne ; à peine purent-ils manger l'un et l'autre qu'ils ne se fussent retrouvés.

— Vous avez au moins une consolation, lui dis-je, dans votre perte : c'est que je suis persuadé que vous lui avez été un tendre maître.

— Hélas ! dit-il, je le croyais ainsi pendant que le pauvre animal vivait ; mais, à présent qu'il est mort, je crains que la fatigue de me porter ne l'ait accablé et que je ne sois responsable d'avoir abrégé sa vie...

« Quelle honte pour les hommes ! me dis-je en moi-même ; se croient-ils indignes de s'entr'aimer, au moins autant que ce pauvre homme aimait son âne ? »

Cette histoire m'affecta. Le postillon n'y prit pas garde, et il m'entraîna sur le pavé au grand galop.

Le voyageur qui brûle de soif dans les déserts sablonneux de l'Arabie n'aspire pas plus vivement au bonheur de trouver une source que mon âme aspirait après des mouvements tranquilles... J'aurais souhaité que le postillon eût parti moins vite; mais, au moment que le bon pèlerin achevait son histoire, il donna de si grands coups de fouet à ses chevaux, qu'ils partirent comme si le dieu qui poussait ceux d'Hippolyte eût été à leurs trousses.

— Pour l'amour de Dieu ! lui criai-je, allez plus doucement.

Mais plus je criais, plus il excitait ses chevaux.

— Que le diable t'emporte donc ! lui dis-je. Vous verrez qu'il continuera d'aller vite, jusqu'à ce qu'il me mette en colère... Ensuite, il ira doucement pour me faire enrager.

Il n'y manqua pas. Il arriva à une hauteur, et fut obligé d'aller pas à pas. Je m'étais fâché contre lui... je m'étais fâché ensuite contre moi-même, pour m'être mis en colère... Un bon galop, dans ce moment, m'aurait fait du bien... Mais...

— Allons un peu plus vite, mon bon garçon, lui dis-je...

Je voulais me rappeler l'histoire du pauvre Allemand et de son âne, mais j'en avais perdu le fil, et il me fut aussi impossible de le retrouver, qu'au postillon d'aller le trot.

— Eh bien ! que tout aille à l'aventure ! Je me sens disposé à faire de mon mieux, et tout va de travers.

La nature, dans ses trésors, a toujours des lénitifs pour adoucir nos maux. Je m'endormis et ne me réveillai qu'au mot d'*Amiens*, qui frappa mon oreille.

— Oh ! oh ! dis-je en me frottant les yeux... c'est ici que ma belle dame doit venir.

IV

J'eus à peine prononcé ces mots, que le comte de L..., et sa sœur passèrent dans leur chaise de poste. Elle me fit un salut de connaissance, mais avec un air qui semblait signifier qu'elle avait quelque chose à me dire. Je n'avais effectivement pas encore achevé de souper, que le domestique de son frère m'apporta un billet de sa part. Elle me priait, le premier matin que je n'aurais rien à faire à Paris, de remettre la lettre qu'elle m'envoyait à madame de R... Elle ajoutait qu'elle aurait bien voulu me raconter son histoire, et qu'elle était bien fâchée de n'avoir pu le faire... mais que, si jamais je passais par Bruxelles, et que je n'eusse pas oublié le nom de madame L..., elle aurait cette satisfaction.

« Ah ! j'irai vous voir, charmante femme ! dis-je en moi-même ; rien ne me sera plus facile. Je n'aurai, en revenant d'Italie, qu'à traverser l'Allemagne, la Hollande. Et que m'en coûtera-t-il de plus d'aller en Brabant ? à peine y a-t-il dix postes. Mais il y en aurait mille...

je les franchirais toutes. Quelles délices, pour prix de tous mes voyages, de participer aux incidents d'une triste histoire, que la beauté qui en est le sujet raconte elle-même ! Quelle félicité de la voir pleurer ! C'en serait une plus grande encore de tarir la source de ses larmes ; mais, si je ne parviens pas à la dessécher, n'est-ce pas toujours une sensation exquise d'essuyer les joues mouillées d'une belle femme, assis à ses côtés pendant toute la nuit et dans le silence ? »

Il n'y avait certainement point de mal dans cette pensée. J'en fis cependant un reproche amer et dur à mon cœur.

J'avais toujours joui du bonheur d'aimer quelque belle. Ma dernière flamme, éteinte dans un accès de jalousie, s'était rallumée depuis trois mois aux beaux yeux de Lisette, et je lui avais juré qu'elle durerait pendant tous mes voyages... Et pourquoi dissimuler la chose ? je lui avais juré une fidélité éternelle : elle avait des droits sur tout mon cœur. Partager mes affections, c'était les risquer... Et alors, Yorick, qu'aurez-vous à répondre aux plaintes d'un cœur si rempli de confiance, si bon, si doux ?... N'est-il pas irréprochable ?... Non, non, dis-je en m'interrompant moi-même, je n'irai pas à Bruxelles. Mais mon imagination, cependant, continue à se promener... Enchanteresse ! Ah ! cesse de m'offrir tes illusions... Elles sont heureusement dissipées. Je ne vois plus que ma Lisette. Je me rappelle ses regards au dernier moment de notre séparation, dans ce moment où l'âme, à force de sentir, ne nous permettait pas d'exprimer notre adieu par le mot même. Et n'est-ce pas là ton portrait ma chère Lisette ? N'est-ce pas toi qui me l'as attaché au cou avec ce ruban noir ? Je rougis en le fixant... Je voulus le baiser... et je n'osai en approcher mes lèvres. Cette tendre fleur doit-elle se flétrir jusque dans la racine ? Et qui en serait cause ? N'est-ce pas moi, au contraire, qui ai promis que mon sein serait son abri ?

— Source éternelle de félicité ! m'écriai-je en tombant à genoux, soyez témoin, avec tous les esprits célestes, que je n'irai point à Bruxelles, à moins qu'il ne fallût passer par là pour gagner le ciel, et que Lisette n'y vînt avec moi.

Le cœur, dans des transports de cette nature, dit toujours trop, malgré le jugement.

La fortune n'avait pas favorisé la Fleur. Il n'avait pas été heureux dans ses faits de chevalerie, et depuis vingt-quatre heures, à peu près, qu'il était à mon service, rien ne s'était offert pour qu'il pût signaler son zèle. Le domestique du comte de L..., qui m'avait apporté la lettre, lui parut une occasion propice, et il la saisit. Dans l'idée qu'il me ferait honneur par ses attentions, il le prit dans un cabinet de l'auberge, et le régala du meilleur vin de Picardie. Le domestique du comte, pour n'être pas en reste de politesse, l'engagea à venir avec lui à l'hôtel. L'humeur gaie et douce de la Fleur mit bientôt tous les gens de la maison à leur aise vis-à-vis de lui. Il n'était pas chiche, en vrai Français, de montrer les talents qu'il possédait, et en moins de cinq à six minutes, il prit son fifre, et la femme de chambre, le maître d'hôtel, le cuisinier, la laveuse de vaisselle, les laquais, les chiens, les chats, tout, jusqu'à un vieux singe, se mit aussitôt à danser. Jamais cuisine n'avait été si gaie.

Madame de L..., en passant de l'appartement de son frère dans le sien, surprise des ris et du bruit qu'elle entendait, sonna sa femme de chambre pour en savoir la cause ; et, dès qu'elle sut que c'était le domestique du gentilhomme anglais qui avait répandu la gaieté dans la maison en jouant du fifre, elle lui fit dire de monter.

La Fleur, en montant les escaliers, s'était chargé de mille compliments de la part de son maître pour madame, ajoutant bien des choses au sujet de la santé de madame ; que son maître serait au désespoir si madame se trouvait incommodée par les fatigues du voyage, et que monsieur avait reçu la lettre que madame lui avait fait l'honneur de lui écrire...

— Et, sans doute, il m'a fait l'honneur, dit madame en interrompant la Fleur, de me répondre par un billet...

Elle lui parut dire cela d'un ton qui annonçait tellement qu'elle était sûre du fait, que la Fleur n'osa la détromper... Il tremble que je n'eusse fait une impolitesse; peut-être eut-il peur aussi qu'on ne le regardât comme un sot de s'attacher à un maître qui manquait d'égards pour les dames : et, lorsqu'elle demanda s'il avait une lettre pour elle :

Oh ! qu'oui, dit-il, madame.

Il mit aussitôt son chapeau par terre, et, saisissant le bas de sa poche droite avec la main gauche, il commença à chercher la lettre avec son autre main,.. Il fit la même recherche dans sa poche gauche ;

— Diable ! disait-il.

Ensuite il chercha dans les poches de sa veste, et même dans son gousset :

— Peste !...

Enfin, il les vida toutes sur le plancher où il étala un col sale, un mouchoir, un peigne, une mèche de fouet, un bonnet de nuit... Il regarda entre les bords de son chapeau, et peu s'en fallut qu'il ne plaçât là la troisième exclamation ; mais son étourderie en prit la place.

— Excusez, dit-il, madame ; il faut que j'aie laissé la lettre sur la table de l'auberge. Je vais courir la chercher, et je serai de retour dans trois minutes.

Je venais de me lever de table, quand la Fleur entra pour me conter son aventure. Il me fit naïvement le récit de toute l'histoire, et il ajouta que, si monsieur avait, par hasard, oublié de répondre à la lettre de madame, il pouvait réparer cette faute par tout ce qu'il venait de faire... sinon, que les choses resteraient comme elles étaient d'abord.

Je n'étais pas sûr que l'étiquette m'obligeât de répondre ou non : mes cheveux ne se sont pas blanchis dans l'étude de cette loi. Mais un démon même n'aurait pas su se fâcher contre la Fleur. C'était son zèle pour moi qui l'avait fait agir. S'y était-il mal pris ? me jetait-il dans un embarras ?... Son cœur n'avait pas fait faute... Je ne crois pas que je fusse obligé d'écrire... ; la Fleur avait cependant l'air d'être si satisfait de lui-même, que...

— Cela est fort bien, lui dis-je, cela suffit...

Il sortit de la chambre avec la vitesse d'un éclair, et m'apporta presque aussitôt une plume, de l'encre et du papier... Il approcha la table d'un air si gai, si content, que je ne pus me défendre de prendre la plume.

Mais qu'écrire ? Je commençai et recommençai. Je gâtai inutilement cinq ou six feuilles de papier... Je n'étais pas d'humeur à écrire.

La Fleur, qui s'imaginait que l'encre était

trop épaisse, m'apporta de l'eau pour la délayer. Il mit ensuite devant moi de la poudre et de la cire d'Espagne. Tout cela ne faisait rien. J'écrivais, j'effaçais, je déchirais, je brûlais, et je me remettais à écrire avec aussi peu de succès. Peste de l'étourdi !... me disais-je à moi-même à voix basse... je ne peux pas écrire cette lettre... Je jetai de désespoir la plume à terre.

La Fleur, qui vit mon embarras, s'avança d'une manière respectueuse, et, en me faisant mille excuses de la liberté qu'il allait prendre, il me dit qu'il avait dans sa poche une lettre qui pourrait peut-être me servir de modèle. Un tambour de son régiment l'avait écrite à la femme d'un caporal.

Je ne demandais pas mieux que de le contenter.

Voyons-la, lui dis-je.

Il tira alors de sa poche un petit portefeuille rempli de lettres et de billets doux. Il dénoua la corde qui le liait, en tira des lettres, les mit sur la table, les feuilleta les unes après les autres, et, après les avoir toutes repassées à deux reprises différentes, il s'écria enfin :

— Monsieur, c'est celle-ci !

Il la déploya, la mit devant moi, et se retira à trois pas de la table pendant que je la lisais.

« Madame,

» Je suis pénétré de la douleur la plus vive,

et réduit en même temps au désespoir par ce retour imprévu du caporal, qui rend notre entrevue de ce soir la chose du monde la plus impossible.

» Mais, vive la joie ! et toute la mienne sera de penser à vous.

» L'amour n'est *rien* sans sentiment ;

» Et le sentiment est encore *moins* sans amour.

» On dit qu'on ne doit jamais se désespérer.

» On dit aussi que monsieur le caporal monte la garde le mercredi ; alors ce sera mon tour.

» *Chacun à son tour.*

» En attendant, vive l'amour ! et vive la bagatelle !

» Je suis, madame, avec tous les sentiments les plus respectueux et les plus tendres, tout à vous,

» JACQUES ROQUE. »

Il n'y avait qu'à changer le caporal en comte..., ne point parler de monter la garde le mercredi. La lettre, au surplus, n'était ni bien ni mal. Ainsi, pour contenter le pauvre la Fleur, qui tremblait pour ma réputation, pour la sienne et pour sa lettre, j'habillai ce chef-d'œuvre à ma guise. Je cachetai ce que j'avais écrit, la Fleur le porta à Mme de L..., et nous partîmes le lendemain matin pour Paris.

V

L'agréable ville, quand on a un bel équipage, une douzaine de laquais et une couple de cuisiniers ! Avec quelle liberté, quelle aisance on y vit !

Mais un pauvre prince, sans cavalerie, et qui n'a pour tout bien qu'un fantassin, fait bien mieux d'abandonner le champ de bataille et de se confiner dans le cabinet, s'il peut s'y amuser.

J'avoue que mes premières sensations, dès que je fus seul dans ma chambre, furent bien éloignées d'être aussi flatteuses que je me l'étais figuré... Je m'approchai de la fenêtre, et je vis à travers les vitres une foule de gens de toutes les couleurs qui couraient après le plaisir : les vieillards avec des lances rompues et des casques qui n'avaient plus leurs masques ; les jeunes chargés d'une armure brillante d'or, ornés de tous les riches plumages de l'Orient, et joûtant tous en faveur du plaisir comme les preux chevaliers faisaient autrefois dans les tournois pour acquérir de la gloire et de l'estime.

— Hélas ! mon pauvre Yorick, m'écriai-je, que fais-tu ici ? A peine es-tu arrivé, que ce fracas brillant te jette dans le rang des atomes.

Ah! cherche quelque rue détournée, quelque profond cul-de-sac où l'on n'ait jamais vu de flambeau darder ses rayons, ni entendu de carosse rouler... C'est là où tu peux passer ton temps. Peut-être y trouveras-tu quelque grisette qui te le fera paraître moins long. Voilà les espèces de coteries que tu pourras fréquenter. Je périrai plutôt, m'écriai-je en tirant de mon portefeuille la lettre que Mme de L... m'avait chargé de remettre. J'irai voir Mme de R..., et c'est la première chose que je ferai... la Fleur ?

— Monsieur.

— Faites venir un perruquier... Vous donnerez ensuite un coup de vergette à mon habit.

Le perruquier entre. Il jette un coup d'œil sur ma perruque, et refuse net d'y toucher. C'était une chose au-dessus ou au-dessous de son art.

— Mais comment donc faire ? lui dis-je.

— Monsieur, il en faut prendre une de ma façon... J'en ai de toutes faites...

— Voyons..

Il sortit et rentra presque aussitôt avec cinq ou six perruques.

— Celle-ci vous va à merveille...

— Oui ? Eh bien, soit... Mais je crains, mon ami, lui dis-je, que cette boucle ne se soutienne pas...

— Vous pourriez, dit-il, la tremper dans la mer, elle tiendrait.

« Tout est grand à Paris, me disais-je. La plus grande étendue des idées d'un perruquier anglais n'aurait jamais été plus loin qu'à lui faire dire : Trempez-la dans un seau d'eau. Quelle différence ! C'est comme le temps à l'éternité. »

Je l'avouerai, je déteste toutes les conceptions froides et flegmatiques, et toutes les idées minces et bornées dont elles naissent ; je suis ordinairement si frappé des grands ouvrages de la nature, que, si je le pouvais, je n'aurais jamais d'objet de comparaison que ce ne fût pour le moins une montagne. Tout ce qu'on peut dire du sublime français à cet égard, c'est que la grandeur consiste plus dans le mot que dans la chose. La mer remplit sans doute l'esprit d'une idée vaste ; mais Paris est si avant dans les terres, qu'il n'y avait pas d'apparence que je prisse la poste pour aller à cent milles de là faire l'expérience dont me parlait le perruquier. Ainsi, le perruquier ne me disait rien.

Un seau d'eau fait, sans contredit, une triste figure vis-à vis de la mer, mais il a l'avantage d'être sous la main, et l'on peut y tremper la boucle en un instant...

Disons-le vrai : l'expression française exprime plus qu'on ne peut faire. C'est du moins ce que je pense, après y avoir bien réfléchi.

Je ne sais si je me trompe, mais il me semble que ces minuties sont des marques beaucoup plus sûres et beaucoup plus distinctives des caractères nationaux que les affaires les plus importantes de l'Etat, où il n'y a ordinairement que les grands qui agissent. Ils se ressemblent et parlent à peu près de même dans toutes les nations, et je ne donnerais pas douze sous de plus pour avoir le choix entre eux tous.

Le perruquier me disait qu'il voulait que ma perruque fît sa réputation, et il resta si longtemps à l'accommoder, que je trouvai qu'il était trop tard pour aller chez Mme de R... porter ma lettre. Cependant, quand un homme est une fois habillé pour sortir, il ne peut guère faire de réflexions sérieuses. Je pris par écrit le nom de l'hôtel de Modène, où j'étais logé, et je sortis sans savoir où j'irais... J'y songerai, dis-je, en marchant.

Les petites douceurs de la vie en rendent la durée moins ennuyeuse et plus supportable. Les grâces, la beauté, disposent à l'amour ; elles ouvrent la porte, et on y entre insensiblement.

— Je vous prie, madame, d'avoir la bonté de me dire par où il faut prendre pour aller à l'*Opéra-Comique*.

— Très volontiers, monsieur, dit-elle en quittant son ouvrage.

J'avais jeté les yeux dans cinq ou six boutiques pour chercher une figure qui ne se renfrognerait pas en lui faisant cette question. Celle-ci me plut et j'entrai.

Elle était assise sur une chaise basse dans le fond de la boutique, en face de la porte, et brodait des manchettes.

— Très volontiers, dit-elle.

Et elle se leva d'un air si gai, si gracieux, que, si j'avais dépensé cinquante louis dans sa boutique, j'aurais dit : Cette femme est reconnaissante.

— Il faut tourner, monsieur, dit-elle en venant avec moi à la porte, et en me montrant la rue qu'il fallait prendre ; il faut d'abord tourner à votre gauche... Mais prenez-garde... Il y a deux rues ; c'est la seconde... vous la suivrez un peu, et vous verrez une église. Quand vous l'aurez passée, vous prendrez à droite, et cette rue vous conduira au bas du Pont-Neuf, qu'il faudra passer... Vous ne trouverez personne alors qui ne se fasse un plaisir de vous montrer le reste du chemin.

Elle me répéta tout cela trois fois, avec autant de patience et de bonté qu'elle me l'avait d'abord dit ; et, si des tons et des manières ont une signification (et ils en ont une sans doute, à moins que ce ne soit pour des cœurs insensibles), elle semblait s'intéresser à ce que je ne me perdisse pas.

Cette femme qui n'était guère au-dessus de

l'ordre des grisettes, était charmante ; mais je suppose que ce ne fut pas sa beauté qui me rendit si sensible à sa politesse. La seule chose dont je me souvienne bien, c'est que je la fixai en lui disant combien je lui étais obligé. Je réitérai mes remerciements autant de fois qu'elle m'avait instruit.

Je n'étais pas à dix pas de sa porte, que j'avais oublié tout ce qu'elle m'avait dit. Je regardai derrière moi, et je la vis qui était encore sur sa boutique pour observer si je prendrais le bon chemin. Je retournai pour lui demander s'il fallait d'abord aller à droite ou à gauche.

— J'ai tout oublié, lui dis-je.

Est-il possible ? dit-elle en souriant.

— Cela est très possible, et cela arrive toujours quand on fait moins d'attention aux avis que l'on reçoit qu'à la personne qui les donne.

Ce que je disais était vrai, et elle le prit comme toutes les femmes prennent les choses qui leur sont dues. Elle me fit une légère révérence.

— Attendez, me dit-elle, en mettant sa main sur mon bras pour me retenir. Je vais envoyer un garçon dans ce quartier-là porter un paquet : si vous voulez avoir la complaisance d'entrer, il sera prêt dans un moment, et il vous accompagnera jusqu'à l'endroit même.

Elle cria à son garçon, qui était dans l'arrière-boutique, de se dépêcher, et j'entrai avec elle. Je levai de dessus la chaise, où elle les avait mises, les manchettes qu'elle brodait; elle s'assit sur une chaise basse, et je me mis à côté d'elle.

— Allons donc, François! dit-elle. Ne vous impatientez pas, je vous prie, monsieur, il sera prêt dans un moment.

— Et, pendant ce moment, je voudrais, moi, vous dire mille choses agréables pour toutes vos politesses. Il n'y a personne qui ne puisse par hasard, faire une action qui annonce un bon naturel; mais, quand les actions de ce genre se multiplient, c'est l'effet du caractère et du tempérament. Si le sang qui passe dans le cœur est le même que celui qui coule vers les extrémités, je suis sûr, ajoutai-je en lui soulevant le poignet, qu'il n'y a point de femme dans le monde qui ait un meilleur pouls que le vôtre...

— Tâtez-le, dit-elle en tendant le bras.

Et aussitôt je saisis ses doigts d'une main, et j'appliquai sur l'artère les deux premiers doigts de mon autre main.

Que ne passiez-vous en ce moment, mon cher ami! vous m'auriez vu en habit noir, et dans une attitude grave, aussi attentivement occupé à compter les battements de son pouls, que si j'eusse guetté le retour du flux et du reflux de la fièvre. Vous auriez ri, mais peut-être aussi m'auriez-vous moralisé... Eh bien! je vous aurais laissé rire sans m'inquiéter de vos sermons. Croyez-moi, mon cher censeur, il y a de bien plus mauvaises occupations dans le monde que celle de tâter le pouls d'une femme... Oui... mais d'une grisette ?... et dans une boutique tout ouverte ?

Eh ! tant mieux ! Quand mes vues sont honnêtes, je ne mets point en peine de ce qu'on peut dire.

J'avais compté vingt battements de pouls, et je voulais aller jusqu'à quarante, quand son mari parut à l'improviste, et dérangea mon calcul.

— C'est mon mari, dit-elle, et cela ne fait rien.

Je recommençai donc à compter.

— Monsieur est si complaisant, ajouta-t-elle, qu'en passant près de chez nous, il est venu pour me tâter le pouls.

Le mari ôta son chapeau, me salua, et me dit que je lui faisais trop d'honneur. Il remit aussitôt son chapeau et s'en alla.

— Bon Dieu ! m'écriai-je en moi-même, est-il possible que ce soit là son mari ?

Une foule de gens savent sans doute ce qui pouvait m'autoriser à faire cette exclamation, et ils vont se fâcher de ce que je vais l'expliquer à d'autres... A la bonne heure.

Un marchand de Londres ne semble être avec sa femme qu'un tout, un individu; dont une partie brille par les perfections de l'esprit et du corps, et l'autre en possède aussi qui ne sont pas moins utiles. Ils unissent tout cela, vont de pair et cadrent l'un avec l'autre, autant qu'il est possible à un mari et à une femme de s'accorder.

Mais ce n'est pas ainsi que vont les choses à Paris. La puissance législative et exécutrice de la boutique n'appartient point au mari : c'est l'empire de la femme ; et le mari, qui n'y paraît qu'en étranger, y paraît rarement. Il se tient dans l'arrière-boutique ou dans quelque chambre obscure, tout seul dans son bonnet de nuit ; fils rustique de la nature, il reste au milieu des hommes tel que la nature l'a formé. Les femmes, par un babillage et un commerce continuel avec tous ceux qui vont et viennent, sont comme ces cailloux de toutes sortes de formes, qui, frottés les uns contre les autres, perdent leur rudesse, et prennent quelquefois le poli d'un diamant... Ce pays n'a rien de salique que la monarchie. On y a cédé tout le reste aux femmes.

— Comment trouvez-vous, monsieur, le battement de mon pouls ? dit-elle.

— Il est aussi doux, lui dis-je en la fixant tranquillement, que je me l'étais imaginé.

Elle allait me répondre ; mais François, en entrant, dit que le paquet de gants tait fait.

— Où faut-il le porter ?

— A propos, dis-je, j'en voudrais avoir quelques paires.

La belle marchande se lève, passe derrière son comptoir, atteint un paquet et le délie. J'avance vis-à-vis d'elle : les gants étaient tous trop larges ; elle les mesura l'un après l'autre sur ma main : cela ne les rapetissait pas. Elle me pria d'en essayer une paire qui ne lui paraissait pas si grande que les autres. Elle en ouvrit un, et ma main y glissa tout d'un coup...

— Cela ne me convient pas, dis-je en remuant un peu la tête.

— Non, dit-elle en faisant le même mouvement.

Il y a de certains regards combinés, qui, par le mélange des différentes sensations que donnent les humeurs, le bon sens, la gravité, la sottise et toutes les autres affections de l'âme, expliquent plus subitement ce qu'on a à dire que tous les langages variés de la tour de Babel ne pourraient l'exprimer... Ils se communiquent et se saisissent avec une telle promptitude, qu'on ne sait auquel des deux attribuer ce qu'ils ont de bon ou de dangereux. ....Pour moi, je laisse à messieurs les dissertateurs le soin de grossir de ce sujet leurs agréables volumes... Il me suffit de répéter que les gants ne convenaient pas... Nous repliâmes tous deux nos mains dans nos bras, en nous appuyant sur le comptoir. Il était si étroit, qu'il n'y avait de place eutre nous que pour le paquet de gants.

La jeune marchande regardait quelquefois les gants, ensuite la fenêtre, puis les gants... et jetait de temps en temps les yeux sur moi. Elle ne disait mot, et je n'étais pas disposé à rompre le silence... Je suivais en tout son exemple. Mes yeux se portaient tour à tour sur elle, et sur la fenêtre, et sur les gants.

Mais je perdis beaucoup dans toutes ces attaques d'imitation. Elle avait des yeux noirs, vifs, qui dardaient leurs rayons à travers deux longues paupières de soie; et ils étaient si perçants, qu'ils pénétraient jusqu'à mon cœur ...Cela peut paraître étrange... mais je ne m'étais interdit que le voyage à Bruxelles.... Ah! Lisette! Lisette!

N'importe, dis-je, en prenant sur-le-champ ma résolution... Je vais m'accommoder de ces deux paires de gants.

On ne me surfit pas d'un sou, et je fus sensible à ce procédé. J'aurais voulu qu'elle eût demandé quelque chose de plus, et j'étais embarrassé de pouvoir le lui dire.

— Croyez-vous, monsieur, me dit-elle en devinant mon embarras, que je voudrais demander seulement un sou de trop à un étranger... et surtout à un étranger dont la politesse, plus que le besoin de gants, l'engage à prendre ce qui ne lui convient pas, et à se fier à moi? Est-ce que vous m'en auriez cru capable?...

— Moi, non, je vous assure; mais vous l'auriez fait, que je vous l'aurais pardonné de tout mon cœur...

Je payai; et, en saluant un peu plus profondément que cela n'est d'usage, je la quittai; et le garçon avec son paquet me suivit.

VI

On me mit dans une loge où il n'y avait qu'un vieil officier. J'aime les militaires, dont les mœurs sont adoucies par une profession qui développe souvent les mauvaises qualités de ceux qui sont méchants. J'en ai connu un que la mort m'a enlevé depuis longtemps. Mais je me fais un plaisir de le nommer; c'était le capitaine Shandy, le plus cher de tous mes amis. Je ne puis penser à la douceur et à l'humanité de ce brave homme sans verser des larmes, et j'aime, à cause de lui, tout le corps des vétérans. J'enjambai sur-le-champ les deux bancs qui étaient derrière moi, pour me placer à côté de l'officier qui était dans la loge.

Il lisait attentivement une petite brochure qui était probablement une des pièces qu'on allait jouer. Je fus à peine assis qu'il ôta ses lunettes, les enferma dans un étui de chagrin et mit le livre et l'étui dans sa poche. Je me levai à demi pour le saluer.

Qu'on traduise ceci dans tous les langages du monde : en voici le sens :

« Voilà un pauvre étranger qui entre dans la loge... Il a l'air de ne connaître personne, et il demeurerait sept ans à Paris, qu'il n'y connaîtrait qui que ce soit, si tous ceux dont il approcherait tenaient leurs lunettes sur le nez... C'est lui fermer la porte de la conversation : ce serait le traiter pire qu'un Allemand. »

Le vieil officier aurait pu dire tout cela à haute voix, et je ne l'aurais pas mieux entendu... Je lui aurais, à mon tour, traduit en français le salut que je lui avais fait ; je lui aurais dit « que j'étais sensible à son attention, et que je lui en rendais mille grâces. »

Il n'y a point de secret qui aide plus au progrès de la sociabilité que de se rendre habile dans cette manière abrégée de se faire entendre. On gagne beaucoup à pouvoir expliquer en termes intelligibles les regards, les gestes et toutes leurs différentes inflexions. Je m'en suis fait une telle habitude, que je n'exerce presque cet art quo machinalement. Je ne marche point dans les rues de Londres, que je ne traduise tout du long du chemin ; et je me suis souvent trouvé dans des cercles dont j'aurais pu rapporter, quoiqu'on n'y eût pas dit quatre mots, vingt conversations différentes, ou les écrire, sans risquer de dire quelque chose qui n'aurait pas été vrai.

Un soir que j'allais au concert, comme je me présentais à la porte pour entrer, la marquise de F... sortait de la salle avec une espèce de précipitation, et elle était presque sur moi, que je ne l'avais pas vue. Je fis un saut de côté pour la laisser passer. Elle fit de même et du même côté, et nos têtes se touchèrent... Elle alla aussitôt de l'autre côté, et un mouvement involontaire m'y porta, et je m'opposai encore innocemment à son passage... Cela se répéta encore malgré nous jusqu'au point de nous faire rougir... A la fin, je fis ce que j'aurais dû faire dès le commencement, je me tins tranquille, et la marquise passa sans difficulté. Je sentis aussitôt ma faute, et il n'était pas possible que j'entrasse sans la réparer autant qu'il me serait possible. Pour cela, je suivis la marquise des yeux jusqu'au bout du passage. Elle tourna deux fois les siens vers moi, et semblait marcher de façon à me faire juger qu'elle voudrait faire place à quelque autre qui voudrait passer... Non, non, dis-je ; c'est là une mauvaise traduction : elle a droit d'exiger que je lui fasse des excuses, et l'espace qu'elle laisse n'est que pour me donner la facilité de lui en faire... Je cours donc à elle, et lui demande pardon de l'embarras que je lui avais causé, en lui disant que mon intention était de lui faire place... Elle dit qu'elle avait eu le même dessein à mon égard... et nous nous remerciâmes réciproquement. Elle était au haut de l'escalier, et, ne voyant point d'écuyer près d'elle, je lui offris la main pour la conduire à sa voiture... Nous descendîmes l'escalier, en nous arrêtant presque à chaque marche pour parler du concert qu'on allait donner et de notre aventure. Elle était déjà dans son carrosse que nous en parlions encore.

— J'ai fait six efforts différents, lui dis-je, pour vous laisser passer...

— Et moi j'en ai fait autant pour vous laisser entrer...

— Je voudrais bien, lui dis-je, que vous en fissiez un septième...

— Très volontiers, dit-elle en me faisant place... La vie est trop courte pour s'occuper de tant de formalités..

Je montai dans la voiture, et je l'accompagnai chez elle... Que devint le concert? Ceux qui y étaient le savent mieux que moi. Je ne veux qu'ajouter que la liaison agréable que je formai me fit plus de plaisir que si l'on m'eût payé un million pour ma traduction.

Je n'ai jamais ouï dire que quelqu'un, si ce n'est une seule personne que je nommerai dans ce chapitre, eût fait une remarque que je fis au moment même que je jetai les yeux sur le parterre. Je ne me souvenais même pas trop qu'on l'eût faite, et le jeu inconcevable de la nature, en formant un si grand nombre de nains, m'en frappa plus vivement. Elle se joue, sans doute, de tous les pauvres humains, dans tous les coins de l'univers; mais à Paris il me semble qu'elle ne mette point de bornes à ses amusements... La bonne déesse paraît aussi gaie qu'elle est sage.

J'étais à l'Opéra-Comique, mais toutes mes idées n'y étaient point renfermées, elles se promenaient dehors, comme si j'y avais été moi-même... Je mesurais, j'examinais tous ceux que je rencontrais dans les rues. C'était une tâche mélancolique, surtout quand la taille était petite... le visage très brun, les yeux vifs, le nez long, les dents gâtées, la mâchoire de travers... Je souffrais de voir tant de malheureux que la force des accidents avaient chassés de la classe où ils devaient être, pour les contraindre à faire nombre dans une autre... Les uns, à cinquante ans, paraissaient à peine être des enfants par leur taille : les autres étaient noués, rachitiques, bossus, ou avaient les jambes tortues. Ceux-ci étaient arrêtés dans leur croissance dès l'âge de six ou sept ans par les mains de la nature; ceux-là ressemblaient à des pommiers nains, qui, dès leur première existence, font voir qu'ils ne parviendront jamais à la hauteur commune des autres arbres de la même espèce.

Et nous n'avions pas fait trois pas, qu'elle me prit le bras.... (Page 77.)

5.

Un médecin voyageur dirait peut-être que tout cela ne provient que de bandages mal faits et mal appliqués... Un médecin sombre dirait que c'est faute d'air; et un voyageur curieux, pour appuyer ce système, se mettrait à mesurer la hauteur des maisons, le peu de largeur des rues et la petitesse extrême des bouges où, au sixième ou septième étage, les gens du peuple mangent et couchent ensemble.

M. Shandy, qui avait sur bien des choses des idées fort extraordinaires, soutenait, en causant un soir sur cette matière, que les enfants pouvaient devenir fort grands lorsqu'ils étaient venus au monde sans accident : « Mais, ajouta-t-il en plaisantant, le malheur des habitants de Paris est d'être si étroitement logés, que je m'étonne qu'ils y trouvent assez de place pour faire même leurs enfants... Aussi que font-ils? Des riens; car n'est-ce pas ainsi, après vingt ou vingt-cinq ans de tendres soins et de bonne nourriture, qu'on doit appeler une chose qui n'est pas devenue plus haute que la jambe?... » M. Shandy, qui était toujours très laconique, en resta là, et il ne dit rien des moyens qu'il y aurait de rendre les hommes plus géants que nains.

Je n'en dirai rien moi-même... Ce n'est pas ici un ouvrage de raisonnement, et je m'en tiens à la fidélité de la remarque, qui peut se vérifier dans toutes les rues et dans tous les carrefours de Paris. Je descendais un jour de la place du Paláis-Royal au quai du Louvre par la rue Froidmanteau ; j'aperçus un petit garçon qui avait de la peine à passer le ruisseau, et je lui tendis la main pour l'aider. Quelle fut ma surprise en jetant les yeux sur lui ! Le petit garçon avait au moins quarante ans... Mais il n'importe, dis-je... Quelque autre bonne âme en fera autant pour moi quand j'en aurai quatre-vingt-dix.

Je sens en moi je ne sais quels principes d'égards et de compassion pour cette portion défectueuse et diminutive de mon espèce... Ils n'ont ni la force ni la taille pour se pousser et pour figurer dans le monde... Je n'aime point qu'on les humilie... Et je ne fus pas sitôt assis à côté de mon vieil officier, que j'eus le chagrin de voir qu'on se moquait d'un bossu au bas de la loge où nous étions.

Il y a entre l'orchestre et la première loge de côté un espace où beaucoup de spectateurs se réfugient quand il n'y a plus de place ailleurs. On y est debout quoiqu'on paye aussi cher que dans l'orchestre. Un pauvre hère de cette espèce s'était glissé dans ce lieu incommode. Il était entouré de personnes qui avaient au moins deux pieds et demi de plus que lui... et le nain bossu souffrait prodigieusement ; mais ce qui le gênait le plus, était un homme de six pieds de haut, épais à proportion, Allemand par-dessus tout cela, qui était précisément devant lui, et lui dérobait absolument la vue du théâtre et des acteurs. Mon nain faisait ce qu'il pouvait pour jeter un coup d'œil sur ce qui se passait; il cherchait à profiter des ouvertures qui se faisaient quelquefois entre les bras de l'Allemand et son corps; il guettait d'un côté, était à l'afflût de l'autre; mais ses soins étaient inutiles; l'Allemand se tenait massivement dans une attitude carrée. Il aurait été aussi bien au fond d'un puits. Fatigué enfin de ne point voir, il étendit en haut très civilement sa main jusqu'au bras du géant... et lui conta sa peine... L'Allemand tourne la tête, jette en bas les yeux sur lui, comme Goliath sur David... et sans sentiment se remet dans sa situation.

Je prenais en ce moment une prise de tabac dans la tabatière de corne du bon moine... Ah! votre esprit doux et poli, mon cher P. Laurent, et qui est si bien modelé pour supporter et pour souffrir, aurait prêté une oreille complaisante aux plaintes de ce pauvre nain!...

Le vieil officier me vit lever les yeux avec émotion en faisant cette apostrophe, et me demanda ce qu'il y avait.

Je lui contai l'histoire en trois mots, en ajoutant que cela était inhumain.

Le nain était poussé à bout, et, dans les premiers transports, qui sont communément déraisonnables, il dit à l'Allemand qu'il couperait sa longue queue avec ses ciseaux... L'Allemand le regarda froidement, et lui dit qu'il était le maître s'il pouvait y atteindre.

Oh! quand l'injure est suivie de l'insulte, tout homme qui a du sentiment prend le parti de celui qui est offensé, tel qu'il soit... Et j'aurais volontiers sauté en bas pour aller au secours de l'opprimé... Le vieil officier le soulagea avec beaucoup moins de fracas... Il fit signe à la sentinelle, et lui montra le lieu où se passait la scène. La sentinelle y pénétra... Il n'y avait pas besoin d'explication; la chose était visible... Le soldat fit reculer l'Allemand, et plaça le nain devant l'épais géant...

— Cela est bien fait! m'écriai-je en frappant des mains...

— Vous ne souffririez pas une chose semblable en Angleterre, dit le vieil officier.

— En Angleterre, monsieur, lui dis-je, nous sommes tous assis à notre aise...

Il voulut apparemment me donner quelque satisfaction de moi-même, et me dit :

— Voilà un bon mot.

Je le regardai, et je vis bien qu'un bon mot a toujours de la valeur à Paris. Il m'offrit une prise de tabac.

Mon tour vint de demander au vieil officier ce qu'il y avait. J'entendais de tous côtés crier du parterre : *Haut les mains, monsieur l'abbé!*

et cela m'était tout aussi incompréhensible qu'il avait peu compris ce que j'avais dit en parlant du moine.

Il me dit que c'était apparemment quelque abbé qui se trouvait placé dans une loge, derrière quelques grisettes, et que, le parterre l'ayant vu, il voulait qu'il tînt ses deux mains en l'air pendant la représentation.

— Ah! comment soupçonner, dis-je, qu'un ecclésiastique puisse être un filou?

L'officier sourit, et en me parlant à l'oreille, il m'ouvrit une porte de connaissances dont je n'avais pas encore eu la moindre idée.

— Bon Dieu! dis-je en pâlissant d'étonnement, est-il possible qu'un peuple si rempli de sentiments ait en même temps des idées si étranges, et qu'il se démente jusqu'à ce point? Quelle grossièreté! ajoutai-je.

L'officier me dit :

— C'est une raillerie piquante qui a commencé au théâtre contre les ecclésiastiques du temps que Molière donna son *Tartufe*... Mais cela se passe peu à peu, avec le reste de nos mœurs gothiques... Chaque nation, continua-t-il, a des raffinements et des grossièretés qui règnent pendant quelque temps, et se perdent par la suite... J'ai été dans plusieurs pays, et je n'en ai pas vu un seul où je n'ai trouvé des délicatesses qui manquaient dans d'autres... Le pour et le contre se trouvent dans chaque nation... Il y a une balance de bien et de mal partout; il ne s'agit que de la bien observer. C'est le vrai préservatif des préjugés que le vulgaire d'une nation prend contre une autre... Un voyageur a l'avantage de voir beaucoup et de pouvoir faire le parallèle des hommes et de leurs mœurs, et par là il apprend à savoir vivre et à nous entre-souffrir. Une tolérance réciproque nous engage à nous entr'aimer...

Il me fit, en disant cela, une inclination, et me quitta.

Il me tint ce discours avec tant de candeur et de bon sens, qu'il justifia les impressions favorables que j'avais eues de son caractère. Je croyais aimer l'homme... mais je craignais de me méprendre sur l'objet. Il venait de tracer ma façon de penser propre... je n'aurais pas pu l'exprimer aussi bien; c'était la seule différence.

Rien n'est si incommode pour un cavalier que d'avoir un cheval entre ses jambes qui dresse les oreilles, et fait des écarts à chaque objet qu'il aperçoit : cela m'inquiète fort peu... mais j'avoue franchement que j'ai rougi plus d'une fois, pendant le premier mois que j'ai passé à Paris, d'entendre prononcer de certains mots auxquels je n'étais pas accoutumé. Je croyais qu'ils étaient indécents, et ils me soulevaient... mais je trouvai le second mois qu'ils étaient sans conséquence, et ne blessaient point la pudeur.

Madame de R., après six semaines de connaissance, me fit l'honneur de me mener avec elle à deux lieues de Paris dans sa voiture... On ne peut être plus polie, plus vertueuse et plus modeste qu'elle dans ses expressions... En revenant, elle me pria de tirer le cordon...

— Avez-vous besoin de quelque chose ? lui dis-je...

— Rien que de..., dit-elle.

Une prude aurait déguisé la chose sous le nom de son petit tour.

Ami voyageur, ne troublez point Mme de R. Et vous, belles nymphes, qui faites les mystérieuses, allez cueillir des roses, effeuillez-les sur le sentier où vous vous arrêterez... Mme de R. n'en fit pas davantage... Je lui avais aidé à descendre de carrosse, et j'eusse été le prêtre de la chaste Castalie, que je ne me serais pas tenu dans une attitude plus décente et plus respectueuse près de sa fontaine.

Ce que le vieil officier venait de me dire sur les voyages me fit souvenir des avis que Polonius donnait à son frère sur le même sujet ; ces avis me rappelèrent *Hamlet*, et *Hamlet* retraça à ma mémoire les autres ouvrages de Shakspeare. J'entrai, en retournant, dans la boutique d'un libraire, sur le quai de Conti, pour acheter les œuvres de ce poète anglais.

Le libraire me dit qu'il n'en avait pas de complètes.

— Comment! lui dis-je, en voilà un exemplaire sur votre comptoir.

— Cela est vrai, mais il n'est pas à moi: c'est M. le comte de B... qui me l'a envoyé ce matin de Versailles pour le faire relier.

— Et que fait M. le comte de B... de ce livre? lui dis-je. Est-ce qu'il lit Shakspeare?

— Oh! dit le libraire, c'est un esprit fort... Il aime les livres anglais; et, ce qui lui fait encore plus d'honneur, monsieur, c'est qu'il aime aussi les Anglais.

— En vérité, lui dis-je, vous parlez si poliment que vous forceriez presque un Anglais, par reconnaissance, à dépenser quelques louis dans votre boutique.

Le libraire fit une inclination, et allait probablement dire quelque chose, lorsqu'une jeune fille d'environ vingt ans, fort décemment mise, et qui avait l'air d'être au service de quelque dévote à la mode, entra dans la boutique et demanda les *Egarements du cœur et de l'esprit*. Le libraire les lui donna aussitôt; elle tira de sa poche une petite bourse de satin vert, enveloppée d'un ruban de même couleur... Elle la délia et mit dedans le pouce et le doigt avec délicatesse, mais sans affectation, pour prendre de l'argent, et paya. Rien ne me retenait dans la boutique, et j'en sortis avec elle.

— Ma belle enfant, lui dis-je, quel besoin avez-vous des *Egarements du cœur*? A peine savez-vous encore que vous en avez un, jusqu'à ce que l'amour vous l'ait dit, ou qu'un berger infidèle lui ait causé du mal...

— Dieu m'en garde! répondit-elle.

— Oui, vous avez raison. Votre cœur est bon, et ce serait dommage qu'on vous le dérobât... C'est pour vous un trésor précieux! il vous donne nn meilleur air que si vous étiez parée de perles et de diamants.

La jeune fille m'écoutait avec une attention docile, et elle tenait sa bourse par le ruban.

— Elle est bien légère, lui dis-je en la saisissant...

Et aussitôt elle l'avança vers moi.

— Il y a bien peu de chose dedans, continuai-je. Mais soyez toujours aussi sage que vous êtes belle, et le ciel la remplira...

J'avais encore dans la main cinq ou six écus que j'avais pris pour acheter Shakspeare; elle m'avait tout à fait laissé aller sa bourse, et j'y mis un écu. Je l'enveloppai du ruban, et je la lui rendis.

Elle me fit sans parler une humble inclination... Je ne me trompai pas à ce qu'elle signifiait... C'était une de ces inclinations tranquilles et reconnaissantes, où le cœur a plus de part que le geste. Le cœur sent le bienfait, et le geste exprime la reconnaissance. Je n'ai jamais donné un écu à une fille avec plus de plaisir.

— Mon avis ne vous aurait servi à rien, ma chère, sans ce petit présent... Mais, quand vous verrez l'écu, vous vous souviendrez de l'avis... N'allez pas le dépenser en rubans...

— Je vous assure, monsieur, que je le conserverai .. (Et elle me donna la main.) Oui, monsieur, je le mettrai à part.

Une convention vertueuse qui se fait entre homme et femme semble sanctifier toutes leurs démarches... Il était déjà tard et faisait obscur; malgré cela, comme nous allions du même côté, nous n'eûmes point de scrupule d'aller ensemble le long du quai de Conti.

Elle me fit une seconde inclination en partant; et nous n'étions pas encore à vingt pas, que, croyant n'avoir pas assez fait, elle s'arrêta pour me remercier encore.

— C'est un petit tribut, lui dis-je, que je n'ai pu m'empêcher de payer à la vertu... Je serais au désespoir si la vertu de la personne ne répondait pas à l'hommage que je viens de lui rendre... Mais l'innocence, ma chère, est peinte sur votre visage. Malheur à celui qui essayerait de lui tendre des pièges!

Elle parut extrêmement sensible à ce que je lui disais... Elle fit un profond soupir... je ne lui en demandai pas la raison, et nous gardâmes le silence jusqu'au coin de la rue Guénégaud, où nous devions nous séparer.

— Est-ce ici le chemin, lui dis-je, ma chère, de l'hôtel de Modène !

— Oui... mais on peut y aller aussi par la rue de Seine...

— Eh bien! j'irai donc par la rue de Seine pour deux raisons, d'abord parce que cela me fera plaisir, et ensuite pour vous accompagner plus longtemps.

— En vérité, dit-elle, je souhaiterais que l'hôtel fût dans la rue des Saints-Pères...

— C'est peut-être là que vous demeurez ? lui dis-je.

— Oui, monsieur, je suis femme de chambre de Mme de R...

— Bon Dieu ! m'écriai-je, c'est précisément la dame pour laquelle on m'a chargé d'une lettre à Amiens.

Elle me dit que Mme de R... attendait effectivement un étranger qui devait lui remettre une lettre, et qu'elle était fort impatiente de le voir...

— Eh bien ! ma chère enfant, dites-lui que vous l'avez rencontré. Assurez-la de mes respects, et que j'aurai l'honneur de la voir demain matin.

C'est au coin de la rue Guénégaud que nous disions tout cela... Nous étions arrêtés... La jeune fille mit les deux volumes qu'elle venait d'acheter dans ses poches, et je lui prêtai pour cela mon secours.

Qu'il est doux de sentir la finesse des fils qui lient nos affections !

Nous nous remîmes encore en marche... et nous n'avions pas fait trois pas, qu'elle me prit le bras... J'allais le lui dire, mais elle le fit d'elle-même avec une simplicité peu réfléchie, et sans songer qu'elle ne m'avait jamais vu... Pour moi, je crus sentir si vivement en ce moment les influences de ce qu'on appelle la force du sang, que je la fixai pour voir si je ne pouvais pas trouver en elle quelque ressemblance de famille... « Eh! ne sommes-nous pas, lui dis-je, tous parents? »

Arrivés au coin de la rue de Seine, je m'arrêtai pour lui dire adieu. Elle me remercia encore, et pour ma politesse, et pour lui avoir tenu compagnie. Nous avions quelque peine à nous séparer... cela ne se fit qu'en nous disant adieu deux fois. Notre séparation était si cordiale, que je l'aurais scellée, je crois, en tout autre lieu, d'un baiser aussi saint, aussi chaud que celui d'un apôtre.

Mais à Paris les baisers ne se donnent guère, du moins publiquement, qu'entre femmes et qu'entre hommes...

Je fis mieux, je priai Dieu de la bénir.

VII

De retour à l'hôtel, la Fleur me dit qu'on était venu, de la part de M. le lieutenant de police, pour s'informer de moi...

— Diable! dis-je, j'en sais la raison...

Et il est temps d'en informer le lecteur. J'ai omis de mettre cette partie de l'histoire dans l'ordre qu'elle est arrivée... Je ne l'avais pas oubliée... mais j'avais pensé, en écrivant, qu'elle serait mieux placée ici.

J'étais parti de Londres avec une telle précipitation, que je n'avais pas songé que nous étions en guerre avec la France. J'étais déjà arrivé à Douvres; déjà je voyais, par le secours de ma lunette d'approche, les hauteurs qui sont au delà de Boulogne, que l'idée de la guerre ne m'était pas plus venue à l'esprit que celle qu'on ne pouvait pas aller en France sans passeport... Aller seulement au bout d'une rue et m'en retourner sans avoir rien fait est pour moi une chose pénible. Le voyage que je commençais était le plus grand effort que j'eusse jamais fait pour acquérir des connaissances, et je ne pouvais supporter l'idée de retourner à Londres sans remplir mon projet... On me dit que le comte d'H... avait loué le paquebot... Il était logé dans mon auberge; j'étais légèrement connu de lui, et j'allai le prier de me prendre à sa suite. Il ne fit point de difficultés mais il me prévint que son inclination à m'obliger ne pourrait s'étendre que jusqu'à Calais, parce qu'il était obligé d'aller de là à Bruxelles.

— Mais, arrivé à Calais, me dit-il, vous pourrez sans crainte aller à Paris. Lorsque vous y serez, vous chercherez des amis pour pourvoir à votre sûreté.

Monsieur le comte, lui dis-je, je me tirerai alors d'embarras...

Je m'embarquai donc et je ne songeai plus à l'affaire.

Mais quand la Fleur me dit que M. le lieutenant de police avait envoyé, je sentis dans l'instant de quoi il était question... L'hôte monta presque en même temps pour me dire la même chose, en ajoutant qu'on avait singulièrement demandé mon passeport.

— J'espère, dit-il, que vous en avez un ?...

— Moi, non, en vérité, lui dis-je, je n'en ai pas.

— Vous n'en avez pas ?

Et il se retira de trois pas, comme s'il eût craint que je lui communiquasse la peste. La Fleur, au contraire, avança trois pas, avec cette espèce de mouvement que fait une bonne âme pour venir au secours d'un autre... Le bon garçon gagna tout à fait mon cœur... Ce seul trait me fit connaître son caractère aussi parfaitement que s'il m'avait déjà servi avec zèle pendant sept ans ; et je vis que je pouvais me fier à sa probité et à son attachement...

— Milord!... s'écria l'hôte...

— Mais, se reprenant aussitôt, il changea de ton...

— Si monsieur, dit-il, n'a pas de passeport, il a apparemment des amis à Paris, qui peuvent lui en procurer un...

— Je ne connais personne, lui dis-je avec un air indifférent.

— Eh bien! monsieur, en ce cas-là, dit-il, vous pouvez vous attendre à vous voir fourrer à la Bastille, ou pour le moins au Châtelet...

— Oh! dis-je, je ne crains rien. Le roi est rempli de bonté. Il ne fait de mal à personne...

— Vous avez raison; mais cela n'empêchera pourtant pas qu'on ne vous mette à la Bastille demain matin...

— J'ai loué, repris-je, votre appartement pour un mois, et je ne le quitterai pas avant le temps, quand le roi même me le dirait...

— La Fleur vint me dire à l'oreille :

— Monsieur, mais personne ne peut s'opposer au roi...

— Parbleu, dit l'hôte, il faut avouer que ces messieurs anglais sont des gens bien extraordinaires!

Et il se retira en grommelant.

Je ne montrai tant d'assurance à l'hôte que pour ne point chagriner la Fleur. J'affectai même de paraître plus gai pendant le souper, et de causer avec lui d'autres choses. Paris et l'Opéra-Comique étaient déjà pour moi un sujet inépuisable de conversation. La Fleur, sans que je le susse, avait aussi vu le spectacle, et il m'avait suivi en sortant jusqu'à la boutique du libraire. Il ne m'avait quitté de vue que quand il aperçut que je causais avec la jeune fille, et que j'allais avec elle le long du quai. Les réflexions qui lui vinrent sur cette entrevue l'empêchèrent de me suivre. Il prit le chemin le plus court pour revenir à l'hôtel, et il avait appris toute l'affaire de la police avant que j'arrivasse.

Il n'eut pas sitôt ôté le couvert, que je lui dis de descendre pour souper... Je me livrai alors aux plus sérieuses réflexions sur ma situation.

Oh! c'est ici, mon cher ami, qu'il faut que je vous rappelle la conversation que nous eûmes ensemble presque au moment de mon départ.

Vous saviez que je n'étais pas plus chargé d'argent que de réflexions. Vous me demandâtes combien j'avais. Je vous montrai ma bourse.... « Eh! mon cher Yorick, tu t'embarques avec si peu de chose?... Tiens, tiens, augmente tes guinées de toutes celles que j'ai... — Mais j'en ai assez des miennes... — Je t'assure que non. Je connais mieux que toi le pays où tu vas voyager. — Cela peut être, mais je ne suis pas comme un autre ; je ne serai pas trois jours à Paris sans faire quelque étourderie qui me fera mettre à la Bastille, où je vivrai un ou deux mois entièrement aux dépens du roi... — Oh ! j'avais réellement oublié cette ressource, me dîtes-vous sèchement... »

L'événement dont j'avais badiné allait probablement se réaliser...

Mais, soit folie, indifférence, philosophie, opiniâtreté, ou je ne sais quelle autre cause, j'eus beau réfléchir sur cette affaire, je ne pus y penser que de la même manière dont j'en avais parlé au moment de mon départ.

La Bastille !... Mais la terreur est dans le mot.... Et qu'on en dise ce qu'on voudra, ce mot ne signifie autre chose qu'une tour... et, une tour ne veut rien dire de plus qu'une maison dont on ne peut pas sortir... Que le ciel soit favorable aux goutteux !... Mais ne sont-ils pas dans ce cas deux fois par an ? Oh ! avec neuf francs par jour, des plumes, de l'encre, du papier et de la patience, on peut bien garder la maison pendant un mois ou six semaines sans sortir. Que craindre quand on n'a point fait de mal ?... On n'en sort que meilleur et plus sage... Il serait à souhaiter que toutes nos imprudences tournassent aussi favorablement : c'est gagner au lieu d'être puni.

La tête pleine de ces réflexions, enchanté de mes idées et de mon raisonnement, je descendis dans la cour pour prendre l'air. Je déteste, me disais-je, les pinceaux sombres, et je n'envie point l'art triste de peindre les maux de la vie avec des couleurs aussi noires. L'esprit s'effraye d'objets qu'il s'est grossis, et qu'il s'est rendus horribles à lui-même ; dépouillez-les de tout ce que vous y avez ajouté ... on n'en fait aucun cas... Je sais cependant, continuai-je, que la Bastille est un désagrément... Mais ôtez-lui ses tours, comblez ses fossés, ouvrez ses portes, figurez-vous que ce n'est simplement qu'un asile de contrainte, et supposez que c'est quelque infirmité qui vous y retient; alors le mal s'évanouit, et vous le souffrez sans vous plaindre... Je me disais tout cela, quand je fus interrompu au milieu de mon soliloque par une voix qui se plaignait de ce qu'on ne pouvait voir. Je regardai sous la porte cochère... Je ne vis personne, et je revins dans la cour sans faire la moindre attention à ce que j'avais entendu...

Mais à peine y fus-je revenu, que la même voix répéta deux fois les mêmes expressions ... Je levai les yeux, et je vis qu'elles venaient d'un sansonnet qui était renfermé dans une petite cage... *Je ne peux pas sortir, je ne peux pas sortir*... disait le sansonnet.

Je me mis à contempler l'oiseau. Plusieurs

personnes passèrent sous la porte, et il leur fit les mêmes plaintes de sa captivité, en volant de leur côté dans sa cage... *Je ne peux pas sortir...*

— Oh ! je vais à ton aide, m'écriai-je, je te ferai sortir, coûte que coûte...

La porte de la cage était du côté du mur, mais elle était si fortement entrelacée avec du fil d'archal qu'il était impossible de l'ouvrir sans mettre la cage en morceaux... J'y mis les deux mains.

L'oiseau volait d'un endroit à l'autre... Il passait sa tête à travers le treillis, et y pressait son estomac comme s'il était impatient.

— Je crains bien, pauvre petit captif, lui disais-je, de ne pouvoir te rendre la liberté.

— Non... dit le sansonnet, je ne peux pas sortir... je ne peux pas sortir.

Jamais mes affections ne furent plus tendrement agitées... jamais dans ma vie aucun accident ne m'a rappelé plus promptement mes esprits, dissipés par un faible raisonnement. Les notes n'étaient proférées que mécaniquement, mais elles étaient si conformes à la nature, qu'elles renversèrent en un instant tout mon plan systématique sur la Bastille, et, le cœur appesanti, je remontai l'escalier avec des pensées bien différentes de celles que j'avais eues en descendant.

— Déguise-toi comme tu voudras, tranquille esclavage, disais-je, tu n'es qu'une coupe amère ; et quoique des millions de mortels, dans tous les siècles, aient goûté de ta liqueur tu n'en es pas moins aimable. C'est toi, ô charmante déesse, que tout le monde adore en public ou en secret ; c'est toi, aimable Liberté, qui es délicieuse, et qui le seras toujours jusqu'à ce que la nature soit changée... Nulle teinture ne peut ternir ta robe de neige. Il n'y a point de puissance chimique qui puisse changer ton sceptre de fer... Le berger qui jouit de tes faveurs est plus heureux en mangeant sa croûte que le monarque de la cour duquel il est exilé... Ciel ! m'écriai-je en tombant à genoux sur la dernière marche de l'escalier, accorde-moi, avec la santé, la liberté pour compagne, et verse des mitres sur la tête de ceux qui les ambitionnent...

L'idée du sansonnet en cage me suivit jusque dans ma chambre. Je m'approchai de la table, et, la tête appuyée sur ma main, toutes les peines d'une prison se retracèrent à mon esprit. J'étais disposé à réfléchir, et je donnai carrière à mon imagination.

Je commençai à considérer combien il y avait de millions d'âme qui gémissaient dans l'esclavage... Mais cette peinture, quelque touchante qu'elle fût, ne rapprochait pas assez les idées de la situation où j'étais, et la multitude de ces tristes groupes ne faisait que me distraire...

Je me représentai donc un seul captif renfermé dans un cachot... Je le regardai, au travers de sa porte grillée, pour faire son portrait à la faveur de la lueur sombre qui éclairait son triste souterrain.

Je considérai son corps à demi usé par l'ennui de l'attente et de la contrainte, et je sentis cette espèce de maladie de cœur qui provient de l'espoir différé... Je le vis, en l'examinant de plus près, presque entièrement défiguré; il était pâle et miné par la fièvre... Depuis trente ans, son sang n'avait point été rafraîchi par le vent oriental; il n'avait vu ni le soleil ni la lune pendant tout ce temps... Ni amis ni parents ne lui avaient fait entendre les doux sons de leurs voix à travers ses grilles.. Ses enfants...

Mon cœur commença à saigner... Je détournai les yeux, et un instant après mon imagination se le représenta assis sur un peu de paille dans le coin le plus reculé du cachot. C'était alternativement son lit et sa chaise. Il avait la main sur un calendrier, qu'il s'était fait avec des petits bâtons, où il avait marqué par des entailles les tristes jours qu'il avait passés dans cet affreux séjour. Il prit un de ces petits bâtons, et avec un clou rouillé, il ajouta, par une autre entaille, un autre jour au nombre de ceux qui étaient passés... J'obscurcissais le peu de lumière qu'il avait... Il leva les yeux langoureux vers la porte... secoua la tête, et continua son funeste travail. Ses chaînes, en mettant son petit bâton sur le tas des autres, se firent entendre... Il poussa un profond soupir... son âme était toute remplie d'amertume... « Ciel ! ô ciel ! m'écriai-je en fondant en larmes... j'appelai la Fleur, et je lui ordonnnai d'avoir le lendemain matin un carrosse de remise à neuf heures précises. J'irai, dis-je, me présenter directement à M. le duc de C...

La Fleur m'aurait volontiers aidé à me mettre au lit... Mais je connaissais sa sensibilité, et je ne voulus pas lui faire voir mon air triste et sombre ; je lui dis que je me coucherais seul.

Je montai dans mon carrosse à l'heure indiquée ; la Fleur se mit derrière, et je dis au cocher de me mener à Versailles le plus grand train qu'il pourrait.

Le chemin ne m'offrit rien de ce que je cherche ordinairement en voyageant. Je pourrais pourtant, aussi bien qu'un autre, donner la description de Chaillot, de Passy, des Bons-Hommes, de Sèvres, de Viroflay et des autres endroits que j'ai vus en courant... mais j'aime mieux remplir le vide par l'histoire abrégée de mon sansonnet. C'est un abrégé historique qu'il y aura de plus... Qu'y faire ?

Milord L... attendait un jour que le vent devînt favorable pour passer de Douvres à Calais... Son laquais, en se promenant sur les hauteurs, attrapa le sansonnet avant qu'il pût voler ; il le mit dans son sein, le nourrit, le prit en affection, et l'apporta à Paris.

Son premier soin en arrivant, fut de lui acheter une cage, qui lui coûta vingt-quatre sous ; il n'avait pas beaucoup d'affaires, et, pendant les cinq mois que son maître resta à Paris, il apprit au sansonnet les quatre mots auxquels j'ai tant d'obligation.

Lorsque milord partit pour l'Italie, son laquais donna le sansonnet et la cage à l'hôte ; mais son petit patois en faveur de la liberté étant étranger, on ne faisait guère plus de cas de ce qu'il disait que de lui... La Fleur offrit une bouteille de vin à l'hôte, et l'hôte lui donna le sansonnet et la cage.

Je l'emportai avec moi, et lui fis revoir son pays natal... Je racontai son histoire au lord A., et le lord A. me pria de lui donner l'oiseau... quelques semaines après, il en fit présent au lord B., le lord B. le donna au lord C., l'écuyer du lord C. le vendit au lord D. pour un schelling, et le lord D. le donna au lord E. ; et mon sansonnet fit ainsi le tour de la moitié de l'alphabet parmi les milords. De la Chambre des pairs, il passa dans la Chambre des communes, où il ne trouva pas moins de maîtres ;

mais, comme tous ces messieurs voulaient entrer dedans..., et que le sansonnet, au contraire ne demandait qu'à sortir, il fut presque aussi méprisé à Londres qu'à Paris... Voilà souvent ce que produit la manie de ne pas penser comme les autres...

Plusieurs de mes lecteurs ont assurément entendu parler de lui... Et si quelqu'un par hasard l'a vu, je le prie de se souvenir qu'il m'a appartenu... Je ne l'ai plus... mais je le porte pour cimier de mes armoiries... Que les hérauts d'armes lui tordent le cou s'ils l'osent.

Je ne voudrais pas, quand je vais implorer la protection de quelqu'un, que mon ennemi vît la situation de mon esprit... C'est cette raison qui fait que je suis ordinairement mon propre protecteur... Mais c'était par force que je m'adressais à M. le duc de C... Si c'eût été une action de choix, je ne l'aurais pas faite autrement, du moins à ce que je m'imagine, que toutes les autres.

Combien de formes de placets de la tournure la plus basse ne me vinrent-elles pas dans l'idée pendant tout le chemin ? Je méritais d'aller à la Bastille pour chacune de ces tournures.

Arrivé à la vue de Versailles, je voulus m'occuper à rassembler des mots, des maximes... J'essayai de prendre des attitudes, des tons, pour tâcher de plaire à M. le duc... « Bon !

disais-je, j'y suis ; ceci fera l'affaire, oui, tout aussi bien qu'un habit qu'on luiaurait fait sans lui prendre la mesure. Sot! continuai-je en m'apostrophant, ne vous étudiez pas tant. Ce n'est pas en vous-même qu'il faut prendre ce que vous avez à dire... Voyez M. le duc de C..., observez son visage..., vous y lirez son caractère... Remarquez son attitude..., et le premier mot qu'il vous dira vous fera saisir le ton qu'il faut prendre. Vous composerez sur-le-champ votre harangue de l'assemblage de toutes ces choses : elle ne pourra lui déplaire, c'est lui qui en aura fourni les ingrédients... Eh bien! dis-je, je voudrais déjà avoir fait ce pas. Lâche! un homme n'est-il donc pas égal à un autre sur toute la surface du globe? Cela est ainsi dans un champ de bataille... Pourquoi cela ne serait-il pas de même face à face dans le cabinet? Croyez-moi, Yorick, un homme qui ne prend pas cette noble assurance se manque à lui-même, se dégrade, dément ses propres ressources... Si vous vous présentez au duc avec la crainte de la Bastille dans vos regards et sur toute votre physionomie... soyez assuré que vous serez renvoyé à Paris en moins d'une heure sous bonne escorte... — Ma foi, dis-je, je le crois ainsi... Eh bien! j'iraï au duc avec toute l'assurance et toute la gaieté possibles... — Vous vous égarez encore, me dis-je. Un cœur tranquille ne tombe pas dans des extrêmes... Il se possède toujours... — A merveille!... Oh! c'est de cette dernière façon qu'il faut que je paraisse. »

Mon carrosse roulait alors dans les cours, et quand il s'arrêta, je me trouvai, par la leçon que je venais de me donner, aussi calme qu'on peut l'être. Je ne montai l'escalier ni avec cet air craintif qu'ont les victimes de la justice, ni avec cette humeur vive et badine qui m'anime toujours quand je te vais voir, Lisette.

Dès que je parus dans le salon, une personne vint au-devant de moi... Je ne sais si c'est le maître-d'hôtel ou le valet de chambre.. Peut-être était-ce quelque sous-secrétaire... Elle me dit que M. le duc de C... travaillait. — J'ignore, lui dis-je, comment il faut s'y prendre pour obtenir audience... Je suis étranger, et, ce qui est encore pis dans la conjoncture des affaires présentes, c'est que je suis Anglais. — Elle me répondit que cette circonstance ne rendait pas la chose plus difficile... Je lui fis une légère inclination.

— Monsieur, lui dis-je, ce que j'ai à communiquer à M. le duc est fort important...

Il regarda aussitôt de côté et d'autre, pour voir apparemment s'il n'y avait personne qui pût avertir le ministre. Je retournai à lui...

— Je ne veux pas, monsieur, lui dis-je, causer ici de méprise. Ce n'est pas pour M. le duc que l'affaire dont j'ai à lui parler est importante, c'est pour moi...

— Oh! c'est une autre affaire, dit-il.

— Non, monsieur, repris-je, je suis sûr que c'est la même chose que pour M. le duc.

Cependant je le priai de me dire quand je pourrais avoir accès.

— Dans deux heures, dit-il.

Le nombre des équipages qui étaient dans la cour semblait justifier ce calcul... Que faire pendant ce temps-là? Se promener en long et en large dans une salle d'audience ne me paraissait pas un passe-temps fort agréable... Je descendis, et j'ordonnai au cocher de me mener au *Cadran bleu*.

Mais tel est mon destin... Il est rare que j'aille à l'endroit que je me propose.

Je n'étais pas à moitié chemin de l'auberge, qu'une autre idée que celle d'y aller me vint à l'esprit. Je tirai le cordon et je dis au cocher de me promener par les rues, pour voir la ville.

— Cela sera bientôt fait, ajoutai-je, car je suppose qu'elle n'est pas grande...

— Elle n'est pas grande! Pardonnez-moi, monsieur, elle est fort grande et même fort belle. La plupart des seigneurs y ont des hôtels...

— Oh! oh!

A ce mot d'hôtels, je me rappelai tout à

coup le comte de B..., dont le libraire m'avait tant dit de bien... Eh! pourquoi n'irais-je pas chez un homme qui a une si haute idée des livres anglais, et des Anglais mêmes! Je lui raconterais mon aventure, et peut-être... Je changeai donc d'avis une seconde fois... A bien compter même, c'était la troisième. J'avais eu d'abord envie d'aller chez madame de R..., rue des Saints-Pères. J'avais chargé sa femme de chambre de l'en avertir... Mais ce n'est pas moi qui règle les circonstances, ce sont les circonstances qui me gouvernent. J'aperçus de l'autre côté de la rue un homme qui portait un panier, et paraissait avoir quelque chose à vendre... Je dis à la Fleur d'aller lui demander où demeurait le comte de B...

La Fleur revint précipitamment et avec un air qui peignait la surprise; il me dit que c'était un chevalier de Saint-Louis qui vendait des petits pâtés...

— Quel conte! dis-je; cela est impossible.

— Je ne puis, monsieur, vous expliquer la raison de ce que j'ai vu; mais cela est. J'ai vu la croix et le ruban attachés à la boutonnière... J'ai jeté les yeux sur le panier, et j'ai vu des petits pâtés, et il y en a trop pour qu'ils ne soient pas à vendre.

Un tel revers dans la vie d'un homme réveille dans une âme sensible un autre principe que la curiosité... Je l'examinai quelque temps de dans mon carrosse... Plus je l'examinais, plus je le voyais avec sa croix et son panier, et plus mon esprit et mon cœur s'échauffaient... Je descendis de la voiture et je dirigeai mes pas vers lui.

Il était entouré d'un tablier blanc qui tombait au-dessous de ses genoux. Sa croix pendait au-dessus de la bavette. Son panier, rempli de petits pâtés, était couvert d'une serviette ouvrée. Il y en avait une autre au fond ; et tout cela était si propre, que l'on pouvait acheter ces petits pâtés aussi bien par appétit que par sentiment.

Il ne les offrait à personne; mais il se tenait tranquille dans l'encoignure d'un hôtel, dans l'espoir qu'on viendrait les prendre.

Il était âgé d'environ cinquante ans, d'une physionomie calme, mais un peu grave... Cela ne me surprit pas... Je m'adressai au panier plutôt qu'à lui... Je levai la serviette, et pris un petit pâté, en le priant d'un air touché de m'expliquer cet étrange phénomène.

Il me dit, en peu de mots, qu'il avait passé sa jeunesse au service, et qu'il avait obtenu une compagnie et la croix, mais qu'ayant été réformé après la précédente guerre, il n'avait pu avoir d'emploi dans celle-ci, et qu'il se trouvait dans le monde sans amis, sans argent et sans autre bien que sa croix... Il me faisait pitié : mais il gagna mon estime en achevant ce qu'il avait à me dire.

— Le roi est un prince aussi bon que généreux... mais il ne peut récompenser ni soulager tout le monde; mon malheur est de me trouver dans ce nombre... Je suis marié... Ma femme, que j'aime et qui m'aime, a cru pouvoir mettre à profit le petit talent qu'elle a de faire de la pâtisserie, et j'ai pensé, moi, qu'il n'y avait point de déshonneur à nous préserver tous deux des horreurs de la disette, en vendant ce qu'elle faisait.

Je priverais les âmes sensibles d'un plaisir, si je ne leur racontais pas ce qui arriva à ce pauvre chevalier de Saint-Louis, huit ou neuf mois après.

Il se *tenait ordinairement* près de la grille du château. Il fut remarqué par plusieurs personnes, qui eurent la même curiosité que moi, et il leur raconta la *même* histoire avec la même modestie qu'il me l'avait racontée. Le roi en fut informé. Il sut que c'était un brave officier qui avait eu l'estime de tout son corps, et il lui donna une pension de quinze cents livres.

Aimable bienfaisance! sur quels cœurs n'as-tu pas de droits! Je n'ai jamais raconté ce trait qu'il n'ait fait verser des larmes de sensibilité. Peuple heureux! heureux souverain!

Je fus aussi vivement touché d'une histoire qui

arriva à Rennes pendant le temps que j'y étais.

Je ne sais point quelles étaient les causes qui avaient insensiblement ruiné la maison d'E..., en Bretagne. Le marquis d'E.... avait lutté avec beaucoup de fermeté contre les adversités de la fortune. Il avait encore montré avec quelque éclat ce qu'avaient été ses ancêtres... Mais il se trouva enfin forcé de se condamner à l'obscurité; à peine avait-il de quoi vivre... Ses deux fils semblaient lui demander quelque chose de plus que le pur soutien de la vie, et il croyait qu'ils méritaient un meilleur sort. Il avait essayé de la voie des armes, mais inutilement... Pour les avancer dans cette carrière, il fallait faire des dépenses qui étaient au-dessus de ses moyens. Le peu de bien qui lui restait exigeait l'économie la plus exacte. Il n'y avait donc pour lui qu'une ressource, et c'était le commerce.

Mais n'était-ce pas flétrir pour toujours la racine du petit arbre que son orgueil et son affection voulaient voir refleurir?... Heureusement que la Bretagne a conservé le privilège de secouer le joug de ce préjugé. Il s'en servit. Les Etats étaient assemblés à Rennes. Suivi un jour de ses deux fils, il parut au théâtre, et fit valoir, avec dignité, la faveur d'une ancienne loi du duché, qui, quoique rarement réclamée, n'en subsistait pas moins dans toute sa force. Il ôta son épée de son côté:

Quel est votre embarras? me dit-il avec inquiétude. (Page 100.)

— La voici, dit-il, prenez-la ; soyez-en les fidèles dépositaires, jusqu'à ce qu'une meilleure fortune me mette en état de la reprendre et de m'en servir avec honneur.

Le président accepta l'épée... Le marquis la vit déposer dans les archives de sa maison, et se retira.

Il s'embarqua le lendemain, avec toute sa famille, pour la Martinique... Une application assidue au commerce, pendant dix-neuf ou vingt ans, et quelques legs inattendus de branches éloignées de sa maison, lui rendirent de quoi soutenir sa noblesse, et il revint chez lui pour réclamer son épée.

J'eus le bonheur de me trouver à Rennes le jour de cet événement solennel. C'est ainsi que je l'appelle. Quel autre nom pourrait lui donner un voyageur sentimental ? Malheur à ceux pour qui ces scènes sont indifférentes !

Le marquis tenant par la main une épouse respectable, parut avec modestie au milieu de l'assemblée. Son fils aîné conduisait sa sœur, et le cadet était à côté de sa mère. Un mouchoir cachait les larmes de ce bon père.

Le silence le plus profond régnait dans toute l'assemblée. Le marquis remit sa femme aux soins de son fils cadet et de sa fille, avança six pas vers le président, et lui redemanda son épée. On la lui rendit. Il ne l'eut pas sitôt qu'il la tira presque tout entière hors du fourreau.

C'était la face brillante d'un ami qu'il avait perdu de vue depuis quelque temps. Il l'examina attentivement, comme pour s'assurer que c'était la même. Il aperçut un peu de rouille vers la pointe. Il la porta plus près de ses yeux, et je vis tomber une larme sur l'endroit rouillé.

— Je trouverai, dit-il, quelque autre moyen pour l'ôter.

Il la remit dans le fourreau, remercia ceux qui en avaient été les dépositaires, et se retira avec son épouse, sa fille et ses deux fils.

Je lui enviais ses sensations.

J'entrai chez M. le comte de B... sans essuyer la moindre difficulté. Il feuilletait les ouvrages de Shakspeare, qui étaient sur son secrétaire, et je lui fis juger par mes regards que je les connaissais.

— Je suis venu, lui dis-je, sans introducteur, parce que je savais que je trouverais dans votre cabinet un ami qui m'introduirait auprès de vous. Le voilà, c'est le grand Shakspeare, mon divin compatriote... Esprit sublime ! m'écriai-je, fais-moi cet honneur-là.

Le comte sourit de la singularité de cette manière de se présenter. Il s'aperçut à mon air pâle que je ne me portais pas bien, et me pria aussitôt de m'asseoir. J'obéis ; et, pour lui épargner des conjectures sur une visite qui n'était certainement pas faite dans les règles ordinaires, je lui racontai naïvement ce qui m'était arrivé chez le libraire, et comment cela m'avait enhardi à venir le trouver plutôt que tout autre pour lui faire part du petit embarras où je m'étais plongé.

— Quel est votre embarras ? me dit-il avec un air d'inquiétude.

Je lui dis de quoi il s'agissait.

— Mon hôte, ajoutai-je, monsieur le comte, m'assure qu'on me mettra à la Bastille ?

— Et vous craignez que cela ne vous arrive ?

— Je ne crains rien, lui dis-je ; je suis au milieu du peuple le plus poli de l'univers, et ma conscience me dit que je suis intègre. Je ne suis point venu pour jouer ici le rôle d'espion, ni pour observer les ornements ou la nudité de la terre, et les Français sont trop honnêtes et trop généreux pour me faire du mal.

Le comte rougit et rit de mon discours.

— Ne craignez rien, dit-il.

— Moi ? non, monsieur. D'ailleurs, je suis venu en riant depuis Londres jusqu'à Paris, et je ne crois pas que M. le duc de C... soit assez ennemi de la joie pour me renvoyer en pleurs. Je me suis adressé à vous, monsieur le comte, ajoutai-je en lui faisant une profonde inclination, pour vous engager à le prier de ne pas faire cet acte de cruauté,

Le comte m'écoutait avec un grand air de

bonté... sans cela j'aurais moins parlé... Il s'écria une ou deux fois :

— Cela est bien dit !...

Cependant la chose en resta là, et je ne voulus plus en parler.

Il changea même de discours. Nous parlâmes de choses indifférentes, de livres, de nouvelles politiques, des hommes... et puis des femmes.

— Que Dieu bénisse tout le beau sexe ! lui dis-je, personne ne l'aime plus que moi. Après tous les faibles que j'ai vus aux femmes, et toutes les satires que j'ai lues contre elles, je les aime encore. Je suis fermement persuadé qu'un homme qui n'a pas une espèce d'affection pour elles toutes n'en peut pas aimer une seule comme il le doit.

— Eh bien ! monsieur l'Anglais, me dit gaiement le comte, voyons, vous n'êtes pas venu ici, dites-vous, pour espionner les ornements ou la nudité de la terre... ni celle de nos femmes, apparemment. Mais si, par hasard, vous en trouviez quelques-unes sur votre chemin qui se présentassent ainsi à vos yeux, dites-moi, la vue de ces objets vous effrayerait-elle ?

Il y a quelque chose en moi qui se révolte à la moindre idée indécente. Je me suis souvent efforcé de surmonter cette répugnance, et ce n'est qu'avec beaucoup de peine que j'ai hasardé de dire, dans un cercle de femmes, des choses dont je n'aurais pas osé risquer une seule dans le tête-à-tête, m'eût-elle conduit au bonheur.

— Excusez-moi, monsieur le comte, lui dis-je ; si un pays aussi florissant ne m'offrait qu'une terre nue, je jetterais les yeux dessus en pleurant... pour ce qui est de la nudité des femmes, continuai-je en rougissant de l'idée qu'il avait excitée en moi, j'observe si scrupuleusement l'Evangile, je m'attendris tellement sur leurs faiblesses, que, si j'en trouvais dans cet état, je les couvrirais d'un manteau, pourvu que je susse comment il faudrait m'y prendre... Mais, je l'avoue, je voudrais bien voir la nudité de leurs cœurs, et tâcher, à travers les différents déguisements des coutumes, du climat, de la religion et des mœurs, de modeler, le mien sur ce qu'il y a de bon... C'est pour cela, monsieur le comte, que je suis venu à Paris, et que je n'ai pas encore été voir le Palais-Royal, le Luxembourg, la façade du Louvre... Je n'ai point acheté le catalogue des tableaux, des statues, des églises. Tout être humain est un temple pour moi, et j'aimerais mieux y distinguer les traits originaux, les légers coups de pinceau qui s'y trouvent, que de voir le fameux tableau de la *Transfiguration* de Raphaël. L'envie de connaître les hommes m'a amené en France, et me conduira probablement plus loin...

C'est un voyage tranquille que le cœur fait à la poursuite de la nature et des sensations qu'elle fait éprouver et qui nous portent à nous entr'aimer un peu mieux que nous ne faisons.

M. le comte me dit des choses fort polies à ce sujet.

— Mais, à ce propos, continua-t-il, savez-vous, monsieur, que je suis fâché contre Shakspeare de ce que, en me faisant faire connaissance avec vous, il ne m'a point dit qui vous étiez ? Il est si rempli de ses vastes idées, qu'il a oublié de vous nommer... et vous voilà dans la nécessité de vous nommer vous-même...

Rien ne m'embarrasse plus que d'être obligé de dire qui je suis... Je parle plus aisément d'un autre que de moi-même, et quand je suis forcé d'en dire quelque chose, je souhaite toujours pouvoir le faire en un seul mot. Je crois qu'on n'a jamais assez tôt fini quand on parle de soi. J'eus ici une fort belle occasion d'être laconique sur mon compte : Shakspeare était sous mes yeux ; je me souvins que mon nom était dans la tragédie d'*Hamlet* ; je cherchai la fameuse et ridicule scène des fossoyeurs au cinquième acte, et, posant le doigt sur le nom d'Yorick :

— Monsieur le comte regardez...

— Eh bien ! je vois qu'il y a là Yorick...

— Précisément, et Yorick, c'est moi.

Il importe peu de savoir si la réalité de ma

personne avait effacé ou non de l'esprit du comte l'idée du squelette du pauvre Yorick, ou par quelle magie il se trompa de sept ou huit siècles... Les Français conçoivent mieux qu'ils ne combinent... Rien ne m'étonne dans ce monde, et encore moins ces espèces de méprises... Je me suis avisé de faire quelques volumes de sermons bons ou mauvais, et un de nos évêques, dont je révère d'ailleurs la candeur et la piété, me disait un jour qu'il n'avait pas la patience de feuilleter des sermons qui avaient été composés par le bouffon du roi de Danemark.

— Mais, monseigneur, lui dis-je, il y a deux Yorick. Le Yorick dont vous parlez est mort et enseveli il y a huit siècles... Il florissait à la cour d'Horwendillus... L'autre Yorick n'a brillé dans aucune cour, et c'est moi qui le suis...

Il secoua la tête.

— Mon Dieu ! monseigneur, ajoutai-je, vous voudriez donc me faire penser que vous pourriez confondre Alexandre le Grand avec Alexandre dont parle saint Paul, et qui n'était qu'un chaudronnier ?...

— Je ne sais, dit-il ; mais n'est-ce donc pas le même ?

— Ah ! si le roi de Macédoine, lui dis-je, monseigneur, pouvait vous donner un meilleur évêché, je suis bien sûr que vous sauriez le distinguer de l'artisan qui augmenterait la batterie de votre cuisine...

Le comte de B... tomba dans la même erreur.

— Vous êtes Yorick? s'écria-t-il.

— Oui, je le suis...

— Vous?

— Oui, moi-même.

— Bon Dieu! dit-il en m'embrassant, c'est Yorick!

Il mit aussitôt le volume de Shakspeare dans sa poche, et me laissa seul dans son cabinet.

VIII

Je ne pouvais pas concevoir pourquoi le comte de B... était sorti si précipitamment, ni pourquoi il avait mis le volume de Shakspeare dans sa poche... Mais des mystères qui s'expliquent d'eux-mêmes par la suite ne valent pas le temps que l'on perd à vouloir les pénétrer... Il valait mieux lire Shakspeare. Je pris un des volumes qui restaient, et je tombai sur la pièce intitulée : *Beaucoup de bruit et de fracas pour rien*, et, du fauteuil où j'étais assis, je me transportai sur le champ à Messine. Je m'y occupai si fort de don Pèdre, de Benoît et de Béatrix, que je ne pensais ni à Versailles, ni au comte, ni au passeport.

Douce flexibilité de l'esprit humain! avec quel charme il se livre à des illusions qui adoucissent les tristes moments de l'attente et de l'ennui !... Il y a longtemps que je n'existerais plus, si je n'avais erré dans leur plaines enchantées... Dès que je trouve un chemin trop rude pour mes pieds, ou trop escarpé pour mes forces, je le quitte pour trouver un sentier velouté et uni, que l'imagination a jonché de boutons de roses. J'y fais quelques tours, et j'en reviens plus robuste et plus frais... Lorsque le mal m'accable, et que ce monde ne m'offre aucune retraite pour m'y soustraire, je le quitte, et je prends une nouvelle route... J'ai une idée beaucoup plus claire des Champs-Elysées que du ciel ; je fais comme Enée, j'y entre par la force... Je le vois qui rencontre l'ombre triste de Didon abandonnée qu'il cherche à reconnaître.... Elle l'aperçoit et se tourne en silence de l'auteur de sa misère et de sa honte... Mes sensations se perdent dans les siennes, et se confondent dans ces émotions qui m'arrachaient des larmes sur son sort pendant ma jeunesse.

Le temps qu'on passe ainsi n'est pas inutile... L'inquiétude que l'on prend du mal des autres adoucit les peines que l'on ressent soi-même et donne à la raison le loisir de venir à notre secours... Je sais bien que je n'ai jamais pu dissiper une triste sensation qu'en en excitant en moi une autre qui fut plus douce et plus agréable.

J'allais finir de lire le troisième acte, lorsque le comte de B... entra, tenant un papier à la main...

— Voilà, me dit-il, votre passe-port. M. le duc de C... me l'a accordé sur-le-champ. « Un homme qui rit, dit-il, ne peut pas être dangereux. » Pour tout autre que le bouffon du roi, je n'aurais pu l'avoir de plus de deux heures...

— Mais, monsieur le comte, lui dis-je, je ne suis pas le bouffon du roi...

— Mais vous êtes Yorick?

— Oui.

— Et vous riez, vous plaisantez ?

— Je ris, je plaisante, mais je ne suis point payé pour cela. C'est toujours à mes propres frais que je m'amuse. Il y a longtemps, monsieur le comte, que nous n'avons eu de bouffons à la cour. C'est sous le seul règne licencieux de Charles II que le dernier parut. Nos mœurs depuis ce temps se sont si épurées ; nos grands seigneurs sont si désintéressés, ils ont tant de zèle pour l'honneur et la prospérité de la patrie ; nos dames sont si modestes, si réservées, si chastes, si dévotes... Ah ! monsieur le comte, un bouffon n'aurait pas un seul trait de raillerie à décocher.

— Oh ! pour cela, s'écria-t-il, voilà du persiflage,

Le passe-port était adressé à tous les gouverneurs, lieutenants, commandants, officiers généraux et autres officiers de justice, et M. Yorick, le bouffon du roi, et son bagage, pouvaient voyager tranquillement. On avait ordre de les laisser passer sans les inquiéter. J'avoue cependant que le triomphe d'avoir obtenu ce passe-port me paraissait un peu terni par la figure que j'y faisais... Mais quels biens dans ce monde sont sans mélange ? Je connais de graves théologiens qui vont jusqu'à soutenir que la jouissance même est accompagnée d'un soupir, et que la plus délicieuse qu'ils connaissent se termine ordinairement par une émotion convulsive.

Je me souviens d'un passage du savant Bevoriskius, dans son *Commentaire sur les générations d'Adam*. Il était au milieu d'une note, lorsque deux moineaux, qui étaient sur le bord de sa fenêtre, interrompirent le fil de sa généalogie, et la lui firent couper par une digression. « Cela est étrange ! s'écria-t-il, mais le fait n'en est pas moins vrai. Ils me troublaient par leurs caresses... J'eus la curiosité de les marquer une à une avec une plume, et le moineau mâle, dans le peu de temps qu'il m'aurait fallu pour finir ma note, réitéra les siennes vingt-trois fois et demie.

Que le ciel répand de bienfaits sur ses créatures ! » ajoute Bevoriskius.

Et c'est le plus grave de tes frères, ô

malheureux Yorick ! qui publie ce que tu ne peux copier sans rougir.

Mais cette anecdote ne m'appartient pas, et n'a rien de commun avec mes voyages... Je demande deux fois... deux fois excuse de cette digression.

— Eh bien ! me dit le comte après qu'il m'eut donné le passeport, comment trouvez-vous les Français ?

On peut s'imaginer qu'après avoir reçu tant d'honnêtetés, je ne pouvais répondre à cette question que d'une manière fort polie.

— *Passe pour cela,* dit le comte ; mais, parlez franchement : trouvez-vous dans les Français cette politesse marquée dont on leur fait honneur partout ?

— Tout ce que j'ai vu, lui dis-je, me confirme dans cette opinion...

— Oh ! oui, dit le comte, les Français sont polis.

— Jusqu'à l'excès, repartis-je.

— A l'excès ?

Ce mot le frappa, et il me dit que j'entendais sûrement par là plus que je ne disais. J'eus beau lui affirmer que non, il insista.

— Vous ne voulez pas tout dire... mais point de réserve... parlez avec franchise,

— Je crois, monsieur le comte, lui dis-je, qu'il en est des questions que l'on se fait dans la société comme de la musique ; on a besoin d'une clef pour répondre aux unes comme pour régler l'autre. Une note exprimée trop haut ou trop bas dérange tout le système de l'harmonie...

Le comte de B... me dit qu'il ne savait pas la musique, et me pria de m'expliquer de quelque autre façon...

— Une nation civilisée, monsieur le comte lui dis-je enfin, rend tout le monde son tributaire. La politesse en elle-même, ainsi que le beau sexe, a d'ailleurs tant de charmes, qu'il est honteux d'en dire du mal... Je crois cependant qu'il n'y a qu'un seul point de perfection où l'homme puisse arriver ; s'il le passe, il change plutôt de qualités qu'il n'en acquiert... Je ne prétends pas marquer par là à quel degré cela se rapporte aux Français sur le point dont nous parlons... mais, si jamais les Anglais parvenaient à cette politesse qui distingue les Français, ils ne perdraient peut-être pas en même temps cette politesse du cœur qui engage les hommes à faire plutôt des actes d'humanité que de pure civilité ; mais ils perdraient au moins ce caractère original et varié qui les distingue les uns des autres et de tout le reste du monde.

Je fouillai dans ma poche, et j'en tirai une douzaine de schellings, qui avaient été frappés du temps de Guillaume d'Orange, et qui étaient unis comme le verre : ils pouvaient servir à éclaircir ce que je venais de dire.

— Voyez, monsieur le comte, lui dis-je, en les jetant devant lui sur son bureau : on ne peut pas les distinguer... Ils ont passé dans tant de mains, que l'empreinte en est absolument effacée. Les Anglais sont comme les anciennes médailles que l'on conserve. Ils se sont tenus séparés des autres hommes, et ils ont conservé le même fil que la fine main de la nature leur a donné. Ils ne sont pas si agréables, mais, en revanche, la légende est si visible, que vous jugez, du premier coup d'œil, de qui est l'effigie et la souscription... Mais les Français, monsieur le comte... (je crus m'apercevoir qu'il craignait que je n'en disse beaucoup de mal), les Français, dis-je ont tant d'excellentes qualités, qu'ils peuvent bien se passer de celles-là. Il n'y a point de peuple qui soit plus fidèle à son roi, plus généreux, plus brave, plus spirituel, plus agréable. Je ne leur trouve qu'un défaut : c'est d'être trop sérieux.

— Mon Dieu! s'écria le comte en se levant de surprise... Mais vous plaisantez, dit-il.

Je mis la main sur ma poitrine, et l'assurai gravement que c'était mon opinion...

Le comte me dit qu'il était mortifié de ne pouvoir rester pour voir comment je m'y prendrais pour justifier cette idée. Il était obligé de sortir dans le moment pour aller dîner chez le duc de C...

— Mais j'espère, me dit-il, que vous ne trouverez pas Versailles trop éloigné de Paris pour vous empêcher d'y venir dîner avec moi... Vous ne direz peut-être plus alors que les Français sont trop sérieux. En tout cas, nous verrons comment vous soutiendrez la thèse... Mais prenez-y garde, vous avez l'opinion du monde entier à combattre...

Je promis au comte d'avoir l'honneur de le voir avant de quitter Paris, et je me retirai.

IX

Je revins aussitôt à Paris. Le portier me dit qu'une jeune fille, qui avait une boîte de carton, était venue me demander un instant avant que j'arrivasse.

— Je ne sais, dit-il, si elle s'en est allée ou non.

Je pris la clef de ma chambre, et je trouvai dans l'escalier la jeune fille qui descendait.

C'était mon aimable fille du quai de Conti. Madame de R... l'avait envoyée chez une marchande de modes, à deux pas de l'hôtel de Modène ; je ne l'avais pas été voir, et elle lui avait dit de s'informer si je n'étais déjà plus à Paris, et, en ce cas, si je n'avais pas laissé une lettre à son adresse.

Elle monta avec moi dans ma chambre pour

attendre que j'eusse écrit une carte. C'était une belle soirée, à la fin du mois de mai. Les rideaux de la fenêtre, de taffetas cramoisi, étaient tirés l'un contre l'autre... Le soleil se couchait, et il réfléchissait une si belle teinture sur le visage charmant de la jeune beauté, que je crus qu'elle rougissait... Cette idée me fit rougir moi-même... Nous étions seuls, et cette circonstance me donna une seconde rougeur avant que la première fût dissipée.

Il y a une espèce agréable de rougeur qui est à moitié criminelle, et qui provient plutôt du sang que de l'homme lui-même... Le cœur l'envoie avec impétuosité, et la vertu vole à sa suite... mais ce n'est pas pour la rappeler, c'est pour rendre la sensation plus agréable... Elle vint en compagnie... Je ne la décrirai pas... Je sentis quelque chose en moi qui n'était pas conforme à la leçon de vertu que j'avais donnée, la veille, sur le quai de Conti; je cherchai une carte pendant cinq ou six minutes, quoique je susse que je n'en avais point... Je pris une plume, je la laissai tomber; ma main tremblait; le diable m'agitait.

Je savais aussi bien qu'un autre qu'il s'enfuirait en lui résistant. Mais il est rare que je lui résiste, de peur d'être blessé au combat, quoique vainqueur... J'aime mieux, pour plus de sûreté, céder le triomphe; et c'est moi-même qui fuis, au lieu de le faire fuir.

La jeune fille s'approcha du secrétaire, où je cherchais si inutilement ma carte... Elle ramassa la plume, et m'offrit de me tendre le cornet, et cela d'une voix si douce, que j'allais accepter; cependant je n'osai pas.

— Mais, ma chère, je n'ai point de carte, lui dis-je, pour écrire.

— Qu'importe ? écrivez, dit-elle naïvement, sur telle autre chose que ce soit.

Ah ! je fus tenté de lui dire : « Je vais donc écrire sur vos lèvres... » Mais je suis perdu, lui dis-je, si je fais cela.

— Mon enfant, je n'écrirai point.

Je la pris par la main, et la menai vers la porte, en la priant de ne point oublier la leçon que je lui avais donnée... Elle me promit de s'en souvenir, et elle fit cette promesse avec tant d'ardeur, qu'en se retournant elle mit ses deux mains dans les miennes... Il était impossible, dans cette situation, de ne pas les serrer. Je souhaitais les laisser aller, et je les retenais encore... Je ne lui parlais point, je raisonnais en moi-même... L'action me faisait de la peine, mais je tenais toujours les mains serrées... Je voulais finir ce combat en les quittant, et je recommençais. Mes genoux s'entrechoquaient, mon sang tressaillait.

Le lit n'était qu'à deux pas de nous... Je lui tenais encore les mains... et je ne sais comment cela arriva... Je ne le lui dis pas... Je ne l'y attirai pas... Je ne pensais pas même au lit... mais nous nous trouvâmes tous deux assis sur le pied du lit.

— Il faut, dit-elle, que je vous montre la petite bourse que j'ai faite ce matin pour mettre votre écu...

Elle la chercha dans sa poche droite, qui était de mon côté, et la chercha pendant quelque temps. Elle la chercha dans sa poche gauche, et, ne la trouvant point, elle craignait de l'avoir perdue... Je n'ai jamais attendu une chose avec autant de patience. Enfin, elle la trouva dans sa poche droite, et elle me dit, en la tenant au bout de ses doigts :

— La voilà.

Elle était de taffetas vert, doublé de satin blanc piqué, et n'était pas plus grande qu'il ne fallait pour contenir l'écu qui était dedans. Elle était joliment faite, et elle me la mit dans la main. Je la tins dix minutes sur son tablier... Je regardais la bourse. Mes yeux se jetaient quelquefois de côté, mais ils recontraient plus souvent ceux de la jolie fille.

J'avais un col plissé, dont quelques fils s'étaient rompus. Elle enfila sans rien dire une aiguille, et se mit à le raccommoder... Je prévis alors tout le danger que courait ma gloire... Sa main, qu'elle faisait passer sur mon cou, en gardant le silence, agitait les lauriers que mon imagination avait placés sur ma tête, et ils étaient prêts à tomber. La boucle d'un de ses souliers s'était défaite en marchant...

— Voyez, dit-elle en levant son pied, j'allais la perdre, si je ne m'en étais pas aperçue.

Je ne pouvais pas faire moins, en reconnaissance du soin qu'elle avait pris de raccommoder mon col, que de rattacher la boucle... et de lever l'autre pied pour voir si les boucles étaient placées l'une comme l'autre... Je le fis un peu brusquement... et la belle fille fut renversée... et alors...

Et alors?... O vous, dont les mains froides et les cœurs glacés peuvent vaincre ou masquer les passions par le raisonnement, dites-moi quelle faute commet un homme à les ressentir ? Comment son esprit est-il responsable envers l'émanateur de tous les esprits, de la conduite qu'il tient quand il est agité ?

Si la nature, en tissant sa toile d'amitié, a entrelacé dans toute la pièce quelques fils d'amour et de désir, faut-il déchirer toute la toile pour les en arracher? « Oh ! châtie de pareils stoïques, grand Maître de la nature ! m'écriai-je en moi-même... En quelque endroit que tu me places pour éprouver ma vertu, quel que soit le péril où je me trouve exposé, quelle que soit ma situation, laisse-moi sentir les mouvements des passions qui appartiennent à l'humanité... Et si je les gouverne comme je le dois, j'aurai toute ma confiance en ta justice... C'est toi qui nous as formés... Nous ne nous sommes pas faits nous-mêmes. »

Je n'eus pas sitôt adressé cette courte prière au ciel, que je relevai la jeune fille. Je la pris par la main, et la conduisis hors de la chambre.

Elle se tint près de moi jusqu'à ce que j'eusse fermé la porte, et que j'en eusse mis la clef dans ma poche...

Alors la victoire était décidée... et elle ne l'était pas un instant auparavant; alors je lui donnai un baiser sur la joue...

Je la repris par la main, et je la menai en toute sûreté jusqu'à la porte de la rue.

Un homme qui connaît le cœur humain jugera aisément qu'il m'était impossible de retourner sitôt dans ma chambre. C'eût été passer d'un morceau musical, dont le feu avait animé toutes mes affections, à une clef froide...

Je restai donc quelque temps sur la porte de l'hôtel, et je m'occupai à examiner les passants et à former sur eux les conjectures que leurs différentes allures me suggéraient; mais un seul objet fixa bientôt toutes mes attentions et les confondit.

C'était un grand homme sec, d'un sérieux philosophique et d'une mine hâlée, qui passait et repassait gravement dans la rue et n'allait jamais au delà de soixante pas de chaque côté de la porte. Il paraissait avoir à peu près cinquante ans, et avait une petite canne sous le bras. Son habit, sa veste et sa culotte étaient de drap noir, un peu usés, mais encore propres. A sa manière d'ôter son chapeau et d'accoster un grand nombre de passants, je jugeai qu'il demandait l'aumône, et je préparai quelque monnaie pour la lui donner quand il s'adresserait à moi en passant. Mais il passa sans me rien demander, et cependant ne fit pas six pas sans s'arrêter vis-à-vis d'une femme. A peine eut-il fini, qu'il ôta son chapeau à une autre.... Un monsieur d'un certain âge avança lentement vers lui, et il était suivi d'un jeune homme fort bien mis. Il les laissa passer tous deux sans leur rien dire... Mais une femme qui survint un instant après en fut saluée... Je restai à l'observer une bonne demi-heure, et il fit pendant ce temps une douzaine de tours en avant et en arrière, en suivant constamment le même plan.

Il y avait deux choses dans sa conduite qui m'inquiétaient, et qui me faisaient faire inutilement beaucoup de réflexions : c'était de savoir d'abord pourquoi il ne contait son histoire qu'aux femmes, et ensuite quelle espèce d'histoire c'était, et quelle espèce d'éloquence il employait pour toucher leurs cœurs, en jugeant apparemment qu'elle était inutile pour émouvoir ceux des hommes.

Deux autres circonstances me rendaient encore ce mystère plus impénétrable : c'est qu'il disait tout bas à chaque femme ce qu'il avait à lui dire, et d'une façon qui avait plutôt l'air d'un secret confié que d'une demande, et qu'il réussissait toujours. Il n'arrêta pas une seule femme qui ne tirât sa bourse pour lui donner quelque chose.

J'eus beau réfléchir, je ne pus me former de système pour expliquer ce phénomène. C'était une énigme à m'occuper tout le reste de la soirée, et je me retirai dans ma chambre.

Mon hôte me suivit, et à peine fut-il entré, qu'il me dit de chercher un autre logement.

— Pourquoi cela, lui dis-je, mon ami?

— Pourquoi cela?... N'avez-vous donc pas eu pendant deux heures une jeune fille enfermée avec vous? Cela est contre les règles de ma maison...

— Fort bien! lui dis-je, et nous nous quitterons tous bons amis; car la jeune fille n'a point eu de mal... ni moi non plus, et je vous laisserai comme je vous ai trouvé.

— C'en est assez, reprit-il, pour perdre mon hôtel de réputation... Cela n'est pas équivoque... Voyez, ajouta-t-il en me montrant le pied du lit où nous avions été assis.

J'avoue que cela avait quelque apparence d'un témoignage; mais mon orgueil souffrait d'entrer en explication avec lui; et, sans lui faire de détail, je lui dis de tranquilliser, de dormir aussi bien que je le ferais cette nuit, et que je paierais demain matin.

— Je ne me serais pas soucié, monsieur, de vous voir une douzaine de filles...

— Et je n'ai jamais songé, moi, à en avoir une seule, lui dis-je en l'interrompant...

— Pourvu, ajouta-t-il, que c'eût été le matin.

Est-ce que la différence des moments du jour met à Paris de la différence dans le mal ?

— Cela en fait beaucoup, monsieur, par rapport à la décence...

Je goûte une bonne distinction, et je ne pouvais pas me fâcher bien vivement contre cet homme...

— J'avoue, poursuit-il, qu'il est nécessaire à un étranger d'avoir la commodité d'acheter des dentelles, de la broderie, des bas de soie... et ce n'est rien quand une femme qui vend de tout cela vient avec une boîte de carton... Cela passe...

— Oh! en ce cas votre conscience et la mienne sont à l'abri; car, sur ma foi, elle en avait une... mais je n'y ai pas regardé...

— Monsieur n'a donc rien acheté ? fit-il.

— Rien du tout, dis-je.

— C'est que je vous recommande, monsieur, une jeune fille qui vous vendra en conscience...

— A la bonne heure, mais il faut que je la voie ce soir...

Il me fit une profonde révérence, et se retira sans répliquer.

« Je vais triompher de cet homme, me dis-je. Mais quel profit en retirerai-je? Je lui ferai voir que ce n'est qu'une âme vile. Et ensuite? Ensuite?... » J'étais trop près de moi pour dire que c'était pour l'amour des autres... Je n'avais point de bonne réponse à me faire sur cette question... Il y avait plus de mauvaise humeur que de principe... et il me déplaisait même avant de l'exécuter.

Une jeune grisette entra quelques minutes après avec une boîte de dentelles... « Elle vient bien inutilement, me dis-je, je n'achèterai certainement rien. »

Elle voulait me faire tout voir... Mais il était difficile de me montrer quelque chose qui me plût... Cependant elle ne faisait pas semblant de s'apercevoir de mon indifférence. Son petit magasin était ouvert, et elle en étala toutes les dentelles à mes yeux, les déplia et les replia l'une après l'autre avec beaucoup de patience et de douceur... Il ne tenait qu'à moi d'acheter ou de ne pas acheter; elle me laissait le tout pour le prix que je voudrais lui en donner.

La pauvre créature semblait avoir de l'ardeur pour gagner quelque chose, et fit ce qu'elle put pour vaincre mon obstination...

Le jeu de ses grâces était cependant plus animé par un air naïf et caressant que par l'art.

S'il n'y a pas dans l'homme un fonds de complaisance et de bonté qui le rende dupe, *tant pis*. Mon cœur s'amollit, et ma dernière résolution se changea aussi facilement que la première... Pourquoi punir quelqu'un de la faute des autres? « Si tu es tributaire de ce tyran d'hôte, me disais-je en fixant la jeune marchande, je plains ton sort. »

Je n'aurais eu que quatre louis dans ma bourse, que je ne l'aurais pas renvoyée sans en dépenser trois. Je lui pris une paire de manchettes.

L'hôte va partager son profit avec elle... Qu'importe! Je n'ai fait que payer, comme tant d'autres ont fait avant moi, pour une action qu'ils n'ont pu commettre, et dont ils n'avaient pas même eu l'idée.

La Fleur, en me servant au souper, me dit que l'hôte était bien fâché de l'affront qu'il m'avait fait en me disant de chercher un autre logement.

Un homme qui veut passer une nuit tranquille ne se couche point avec de l'inimitié contre quelqu'un quand il peut se réconcilier.

Je dis donc à la Fleur de dire à l'hôte que j'étais fâché moi-même de lui avoir donné occasion de me faire ce mauvais compliment.

— Vous pouvez même lui ajouter, si la jeune fille revenait encore, que je ne veux plus la revoir.

Ce n'était pas à lui que je faisais ce sacrifice c'était à moi-même. *Après l'avoir échappé aussi belle*, je m'étais résolu de ne plus courir de risques, et de tâcher de quitter Paris avec le même fonds de vertu que j'y avais apporté.

— Mais, monsieur, dit la Fleur en me saluant jusqu'à terre, ce n'est pas suivre le ton. Monsieur changera sans doute de sentiment. Si, par hasard, il voulait s'amuser...

— Je ne trouve point en cela d'amusement, lui dis-je en l'interrompant.

— Mon Dieu ! dit la Fleur en ôtant le couvert.

Il alla souper, et revint une heure après pour me coucher. Personne n'était plus attentif que lui, mais il était encore plus officieux qu'à l'ordinaire. Je voyais qu'il voulait me dire quelque chose, et qu'il n'osait le faire. Je ne pouvais concevoir ce que ce pouvait être, et je ne me mis pas en peine de le savoir. J'avais une autre énigme plus intéressante à développer. Le manège de l'homme que j'avais vu m'occupait. J'en aurais bien voulu connaître tous les ressorts, et ce n'est point la curiosité qui m'excitait. C'est un principe de recherche si bas, que je ne donnerais pas une obole pour la satisfaire. Mais un secret qui amollissait si promptement et avec autant d'efficacité le cœur du beau sexe était à mon avis un secret qui valait la pierre philosophale. Si les deux Indes m'eussent appartenu, j'en aurais donné une pour le savoir.

Je le tournai et retournai inutilement toute la nuit dans ma tête. Mon esprit, le lendemain matin en m'éveillant, était aussi épuisé par mes rêves que celui du roi de Babylone l'avait été par ses songes. Je n'hésitai pas d'affirmer que l'interprétation de cette énigme aurait embarrassé tous les savants de Paris, aussi bien que ceux de Chaldée.

ÉPILOGUE

Cette nuit amena le dimanche. La Fleur, en m'apportant du thé, du pain et du beurre pour mon déjeuner, était si paré, que j'eus de la peine à le reconnaître.

En le prenant à Montreuil, je lui avais promis un chapeau neuf avec une ganse et bouton d'argent, et six louis pour s'habiller à Paris. Je lui en avais donné sept pour avoir le tout, et le bon garçon avait on ne peut mieux employé son argent.

Il avait acheté un fort bel habit d'écarlate, et la culotte de même... Cela n'avait été porté que peu de temps... Je lui sus mauvais gré de me dire qu'il avait fait cette emplette à la friperie. L'habillement était si frais que, quoique je susse qu'il ne pouvait pas être neuf, j'aurais souhaité pouvoir m'imaginer que je l'avais fait faire exprès pour lui. Mais c'est une délicatesse qui ne blesse pas beaucoup à Paris.

La veste qu'il avait achetée était de satin bleu, assez bien brodée en argent, un peu usée, mais encore fort apparente ; le bleu n'était pas trop foncé, et cela s'assortissait très bien avec l'habit et la culotte. Il avait une bourse, un solitaire, des manchettes brodées, des bas de soie. Il était bien accommodé. La nature lui avait donné une belle figure, qui ne lui avait pas coûté un sou... En un mot, tout cela allait fort bien ensemble.

C'est ainsi qu'il pénétra dans ma chambre, après avoir mis un gros bouquet à la boutonnière de son habit, son visage m'apparut si gai qu'il me rappela que c'était dimanche. Je pensai aussitôt que mon domestique venait me demander la permission de passer ce jour-là comme on le passe ordinairement à Paris.

— Pourrais-je obtenir la journée ?

Voilà bien le projet que j'avais deviné.

—Mais pourquoi faire la Fleur ?

— Ah ! fit le gaillard quelque peu embarrassé, c'est jour de faire le galant auprès de ma maîtresse.

Justement, je devais le faire vis-à-vis de Mme de R... Exprès pour cela, j'avais retenu mon carrosse de remise et ma vanité n'aurait pas été peu flattée d'avoir un domestique aussi élégant derrière ma voiture. Je ne pouvais donc me résoudre à me priver de lui dans cette occasion.

Mes raisons l'embarrassèrent. Non, il ne faut pas raisonner dans ces petits embarras. Certainement, les domestiques sacrifient leur liberté dans le contrat qu'ils font avec nous, mais ils ne sacrifient pas la nature. Ils ont, tout comme nous, leur vanité, leurs souhaits, même des liaisons plus étroites, car les liaisons qu'ils acceptent ne sont point passagères, comme les miennes.

Et la Fleur murmure :

— *Elle* y comptait tant... Mais je suis votre domestique ; et si vous commandez, eh bien...

Moi, de l'interrompre.

— La Fleur, tu peux aller. Quelle sorte de maîtresse as-tu faite depuis si peu de temps que tu es à Paris.

Brave garçon, qui mit sa main sur son cœur avant de me dire que c'était une demoiselle qu'il avait vue chez M. le comte de B... Or, pendant que j'y étais, il avait fait connaissance avec la jeune personne, au bas de l'escalier. Ils s'étaient, dans une nouvelle rencontre, promis ou juré fidélité. Elle devait venir ce jour-là à Paris avec deux ou trois personnes de la maison de M. le comte ; et le brave garcon ne pouvait manquer de passer quelques heures avec son amoureuse, sur les boulevards ou ailleurs.

Il partit, après m'avoir longuement remercié du sacrifice que je faisais ; et pendant que mon domestique se divertissait, Yorick échouait auprès de Mme de R... devenue nerveuse et trop exigeante.

J'en pris rancune, et contre Paris, et contre les gens, si bien que, après avoir largement payé la Fleur de l'emploi qu'il perdait auprès de moi, je repris le chemin de l'Angleterre, en méditant sur les bonnes fortunes qui m'avaient fait passer d'heureux instants.

FIN

BIBLIOTHÈQUE NATIONALE R.F. IMPRIMÉS

PARIS. — IMP. F. IMBERT, 7, RUE DES CANETTES.

CHEMINS DE FER DE PARIS-LYON-MÉDITERRANÉE

STATIONS HIVERNALES

NICE, CANNES, MENTON, ETC.

BILLETS D'ALLER ET RETOUR COLLECTIFS

Valables 33 jours.

Il est délivré, du 15 Octobre au 15 Mai, dans toutes les gares du réseau P.-L.-M., sous condition d'effectuer un parcours simple minimum de 150 kilomètres, aux familles d'au moins quatre personnes payant place entière et voyageant ensemble, des billets d'aller et retour collectifs de 1re, 2e et 3e classes, pour les stations hivernales suivantes : HYÈRES et toutes les gares situées entre SAINT-RAPHAEL-VALESCURE, GRASSE, NICE et MENTON inclusivement.

Le prix s'obtient en ajoutant au prix de 6 billets simples ordinaires (pour les 3 premières personnes) le prix d'un billet simple pour la 4e personne, la moitié de ce prix pour la 5e et chacune des suivantes.

Les demandes de ces billets doivent être faites 4 jours au moins à l'avance à la gare de départ.

VOYAGES CIRCULAIRES A COUPONS COMBINABLES

Sur le réseau P.-L.-M.

Il est délivré, toute l'année, dans toutes les gares du réseau P.-L.-M., des carnets individuels ou de famille pour effectuer sur le réseau en 1re, 2e et 3e classes, des voyages circulaires à itinéraire tracé par les voyageurs eux-mêmes, avec parcours totaux d'au moins 300 kilomètres. Les prix de ces carnets comportent des *réductions très importantes* qui atteignent, pour les carnets collectifs, 50 0/0 du tarif général.

La validité de ces carnets est de **30 jours** jusqu'à 1500 kilomètres; **45 jours** de 1501 à 3.000 kilomètres; **60 jours** pour plus de 3.000 kilomètres.

Faculté de prolongation, *à deux reprises*, de 15, 23 ou 30 jours, suivant le cas, moyennant le paiement d'un supplément égal au 10 0/0 du prix total du carnet, pour chaque prolongation.

Arrêts facultatifs à toutes les gares situées sur l'itinéraire.

AVIS IMPORTANT

Les renseignements les plus complets sur les *Voyages circulaires* (prix, conditions, cartes et itinéraires), ainsi que sur les *billets simples* et *d'aller et retour, cartes d'abonnement, horaires, relations internationales*, etc., sont renfermés dans le **Livret-Guide officiel P.-L.-M.**, mis en vente au prix de **50 centimes** dans les gares, bureaux de ville, et dans les bibliothèques des gares de la Compagnie ; ce livret est également envoyé contre **0 fr. 85** adressés en timbres-poste, au Service de l'Exploitation (Publicité), 20, boulevard Diderot, Paris.

www.ingramcontent.com/pod-product-compliance
Lightning Source LLC
LaVergne TN
LVHW012018220826
846092LV00001B/394

* 9 7 8 2 3 2 9 7 5 4 3 2 1 *